Schau nach – blick durch!
Schulgrammatik LATEIN

Alle wichtigen Regeln, die du wirklich brauchst!

von
Isabelle Rinderspacher

PONS
Schau nach – blick durch!
Schulgrammatik LATEIN

Alle wichtigen Regeln, die du wirklich brauchst!

von
Isabelle Rinderspacher

10. Auflage 2025

© PONS Langenscheidt GmbH, Stöckachstraße 11, 70190 Stuttgart 2007
www.pons.de
Alle Rechte vorbehalten.

Fachkorrektorat: Raffaela Maidhof
Redaktion: Bettina Höfels
Logoentwurf: Erwin Poell, Heidelberg
Logoüberarbeitung: Sabine Redlin, Ludwigsburg
Einbandgestaltung: Schmidt & Dupont
Titelfoto: Vlado Golub, Stuttgart
Layout/Satz: grundmanngestaltung, Karlsruhe
Druck: Plump Druck & Medien GmbH, Rheinbreitbach
Printed in Germany
ISBN 978-3-12-561395-9

So benutzt du dieses Buch

Die **PONS Schulgrammatik LATEIN** bietet dir alle Grammatikthemen, die du für die Schule wirklich brauchst und kann dich in deiner gesamten Schullaufbahn begleiten.

Die Grammatik bietet dir als Sprachanfänger wie auch als fortgeschrittenem Lerner die Möglichkeit, alle wichtigen Grammatikaspekte, die du in der Schule behandelst, nachzuschlagen und selbstständig zu erarbeiten. Zahlreiche Beispiele veranschaulichen die Grammatikregeln. Leicht verständliche Erklärungen und nützliche Tipps helfen dir, typische Fehler zu vermeiden.

Verschiedene Icons heben wichtige Aspekte hervor.

 Das Ausrufezeichen weist dich auf Aspekte in der Grammatik hin, die leider häufig übersehen oder missverstanden werden und dann zu dummen Fehlern im Textverständnis oder der Übersetzung führen können.

 Die beiden aufeinander gerichteten Pfeile weisen auf Punkte hin, an denen das Lateinische und das Deutsche gravierende Unterschiede aufweisen. Wenn diese Unterschiede nicht richtig erfasst werden, kann es auch hier zu unschönen Fehlern in Tests, Klassenarbeiten und Klausuren kommen, die zu Punktabzug führen.

Grammatik ist ein komplexes Gebilde in dem alles zusammenhängt. Mit dem kleinen Pfeil ▶ sind Verweise in verwandte Bereiche in anderen Kapiteln ausgezeichnet, so dass du immer das Gesamtbild im Auge behalten kannst.

Ein Hinweis für die Tierfreunde unter euch. Auch wir würden einem Kaninchen (oder irgendeinem anderen Tier) nie etwas zuleide tun. Aber manchmal sind drastische Beispiele eine gute Möglichkeit sich Sachverhalte einzuprägen! Das erscheint dir nun kryptisch? Wenn du mit der Grammatik arbeitest, merkst du gleich, was wir meinen.

Viel Spaß und Erfolg beim Lateinlernen!

Inhalt

So benutzt du dieses Buch … 3

I Formenlehre

1 Wortarten … 8
2 Wortbildung … 8
3 Nomen … 9
   Genus … 9
   Kasus … 11
   Numerus … 13
4 Die Deklinationen … 14
   Die a-Deklination (1. Deklination) … 15
   Die o-Deklination (2. Deklination) … 17
      Substantive mit der Endung -us … 17
      Substantive mit der Endung -er … 18
      Substantive mit der Endung -um … 18
   Die 3. Deklination … 19
      Die konsonantische Deklination … 19
      Die i-Deklination … 21
      Die „Mischklasse" … 22
   Die u-Deklination (4. Deklination) … 23
   Die e-Deklination (5. Deklination) … 24
5 Adjektive … 25
   Das Adjektiv als Prädikatsnomen … 26
   Das Adjektiv als Prädikativum … 27
   Adjektive der a- und o-Deklination … 27
   Adjektive der 3. Deklination … 29
   Adjektive der konsonantischen Deklination … 29
   Adjektive der konsonantischen Deklination (i-Stämme) … 30
6 Adverbien … 33
   Die Bildung von Adverbien aus Adjektiven … 33
7 Komparation der Adjektive und Adverbien … 36
   Die Bildung der Komparativ- und Superlativformen bei Adjektiven … 37
   Die Bildung der Komparativ- und Superlativformen bei Adverbien … 38
8 Pronomen … 40
   Personalpronomen … 41
   Possessivpronomen … 43
   Demonstrativpronomen … 45
   Relativpronomen … 47
   Interrogativpronomen … 49

Inhalt

	Indefinitpronomen	50
	Pronominaladjektive	52
	Pronominaladverbien	54
	Korrelativpronomen	55
9	**Präpositionen**	**56**
	Präpositionen mit dem Akkusativ	56
	Präpositionen mit dem Ablativ	58
	Präpositionen mit dem Akkusativ oder dem Ablativ	59
10	**Numeralia**	**60**
	Die Zahlen im Überblick	61
	Die Deklination der Zahlen	62
	Zahladverbien	64
11	**Verben**	**64**
	Die Konjugation der Verben	66
	Der Präsensstamm	67
	Die Präsensformen im Aktiv	67
	Das Imperfekt im Aktiv	68
	Das Futur I im Aktiv	69
	Der Imperativ I und II	69
	Die Passivzeiten des Präsensstammes	71
	Die Aktivzeiten des Perfektstammes	72
	Die Passivzeiten des Perfektstammes	75
12	**Unregelmäßige Verben/verba anōmala**	**76**
	esse	76
	posse	78
	velle, nōlle, mālle	80
	ferre	81
	īre	82
	fierī	84
	Unpersönliche Verben/verba impersōnālia	85
	Komposita	86
	Deponentien und Semideponentien	88
	„Defektive" Verben/verba dēfectīva	89
	Besondere Verbformen	90
	Stammformen wichtiger Verben	92
13	**Zeitstufen**	**96**
14	**Zeitverhältnisse**	**99**
	Relativer Tempusgebrauch in indikativischen Gliedsätzen: Gleichzeitigkeit	99
	Vorzeitigkeit	100

	Nachzeitigkeit	100
	Absoluter Tempusgebrauch in indikativischen Gliedsätzen	101
	Relativer Tempusgebrauch in konjunktivischen Gliedsätzen	102
15	**Die Modi**	**103**
	Der Indikativ	103
	Der Konjunktiv	104

II Satzlehre

16	**Bestandteile eines Satzes**	**108**
17	**Möglichkeiten der Satzergänzung**	**109**
	Attribute	109
	Das Prädikativum	110
	Satzergänzungen durch verschiedene Kasus	111
	Der Akkusativ	111
	Akkusativobjekt als Bezeichnung einer Person oder Sache	112
	Verben mit doppeltem Akkusativ	114
	Akkusativ der Richtung	115
	Akkusativ der Ausdehnung	115
	Akkusativ als Prädikatsnomen	116
	Der Dativ	116
	Dativ als Objekt bei Verben	116
	Dativ des Vorteils (datīvus commodī bzw. incommodī)	118
	Dativ des Urhebers (datīvus auctōris)	118
	Dativ der Zugehörigkeit (datīvus possessōris)	119
	Dativ des Zwecks (datīvus finālis)	119
	Der Genitiv	120
	Genitiv als Bestimmung des Nomens	120
	Genitīvus subiectīvus und obiectīvus	120
	Genitiv des geteilten Ganzen (genitīvus partitīvus)	122
	Genitiv der Beschaffenheit (genitīvus quālitātis)	123
	Genitiv des Wertes (genitīvus pretiī)	123
	Genitiv der Zugehörigkeit (genitīvus possessīvus)	124
	Genitiv als Ergänzung des Verbs	125
	Der Ablativ	125
	Ablativ der Trennung (ablātīvus sēparātīvus)	126
	Ablativ des Vergleichs (ablātīvus comparātiōnis)	128
	Ablativ des Mittels (ablātīvus īnstrumentālis)	128
	Ablativ der Art und Weise (ablātīvus modī)	129
	Ablativ des Grundes (ablātīvus causae)	130

Inhalt

Ablativ der Beschaffenheit (ablātīvus quālitātis)	131
Ablativ der Wert- und Preisangabe (ablātīvus pretiī)	131
Ablativ der Beziehung (ablātīvus limitātiōnis)	132
Ablativ des Maßes (ablātīvus mēnsūrae)	132
Ablativ des Ortes (ablātīvus locī)	132
Ablativ der Zeitangabe (ablātīvus tempōris)	134
Satzergänzungen durch Präpositionalwendungen	134
Satzergänzungen durch Nominalformen des Verbums und satzwertige Konstruktionen	135
Das Gerundium als Verbalsubstantiv	135
Die Verwendung des Gerundiums	136
Gerundivum und Partizip als Verbaladjektive	138
Das Gerundivum als Verbaladjektiv	138
Partizipien	140
Das Participium coniunctum	141
Der Ablātīvus absolūtus	143
Konstruktionen mit dem Infinitiv	145
Der „Akkusativ mit Infinitiv" (AcI)	146
Der „Nominativ mit Infinitiv" (NcI)	149
18 Die Satzarten	**150**
Aussagesätze	151
Unabhängige Fragesätze	152
Unabhängige Aufforderungs- und Wunschsätze	154
Satzreihen (Parataxen)	155
Satzgefüge (Hypotaxen)	156
Indirekte Fragesätze	158
Temporalsätze	159
Konditionalsätze	161
Konzessivsätze	162
Kausalsätze	163
Adversativsätze	164
Finalsätze	164
Konsekutivsätze	165
Konjunktionalsätze mit quīn	166
Relativsätze	166
Indirekte Rede	169
Glossar	**170**
Stichwortregister	**180**

Formenlehre

1 Wortarten

Das Lateinische hat wie die deutsche Sprache einen **flektierenden** Sprachbau, d.h. dass die grammatische Funktion eines Wortes innerhalb des Satzgefüges unter anderem durch seine Veränderung, durch seine **Flexion** (**flectere** *beugen*), deutlich gemacht wird.

Ferdinand betritt das Haus.
Caroline ist die Besitzerin des Haus-**es**.

Im ersten Beispielsatz erfüllt „das Haus" die grammatische Funktion des **Akkusativobjekts**, im zweiten Satz die des **Genitivattributs**. Im zweiten Satz wird an das Substantiv „Haus" die Endung -**es** angehängt, um zu signalisieren, dass es eine bestimmte Rolle im Satz spielt. In diesem Fall wird das Wort als Objekt im Genitiv gekennzeichnet.
(Aber damit sind wir fast schon im Bereich Satzlehre. Mehr dazu findest du im Kapitel **Satzergänzungen durch Kasus**.)
Wie im Deutschen unterscheidet man auch im Lateinischen zwischen veränderlichen (**flektierbaren**) und unveränderlichen (**unflektierbaren**) Wortarten.

Zu den flektierbaren Wörtern gehören
- Nomina (**nōmen, -inis** n. *Namen, Benennung*), die **dekliniert** (**dēclīnāre** *beugen*) werden: Hauptwörter (Substantive), Eigenschaftswörter (Adjektive), Fürwörter (Pronomina) und Zahlwörter (Numerale).
- Zeitwörter (Verba), die **konjugiert** (**coniungere** *verbinden*) werden.

Ein unflektierbares Wort nennt man Partikel (**particula, -ae** f. *Teilchen*). Zu den Partikeln zählen Umstandswörter (Adverbien), Verhältniswörter (Präpositionen), Bindewörter (Konjunktionen und Subjunktionen), Ausrufe (Interjektionen), Modalpartikel (Füllwörter wie „doch" oder „freilich") und Negationspartikel (wie „nicht(s)").

 Im Lateinischen gibt es keine Artikel. Außerdem werden anders als im Deutschen im Lateinischen alle Wörter – außer den Eigennamen – kleingeschrieben.

2 Wortbildung

Flektierbare Wörter lassen sich im Lateinischen in bestimmte Bausteine zerlegen: Sie bestehen aus dem **Wortstamm** und einer **Endung**. Der Wortstamm ist der **Bedeutungsträger**. Daher weisen Vokabeln eines Wortfelds mit einer ähnlichen Bedeutung häufig denselben Wortstamm auf.

Nomen

Ein wiederkehrender Wortstamm des Wortfeldes „König/königlich" ist z.B. **reg-**

Die Endung wiederum zeigt die **grammatische Form** des Wortes an und gibt dadurch Auskunft darüber, welche grammatische Funktion das jeweilige Wort innerhalb des Satzes einnimmt (**syntaktische Funktion**).

Der Wortstamm wiederum setzt sich meistens aus der einsilbigen Wortwurzel und einem einfachen Laut, einem **Bindevokal**, zusammen. Die Wörter des Wortfeldes „König/königlich" werden nach diesen Regeln folgendermaßen gebildet:

REG-	E-	RE	HERRSCHEN
Stamm	Vokal	Infinitivendung	
rēg-	**ī-**	na	*Königin*
rēx		(aus **rēg-s**)	*König*
rēg-		-num	*Königreich*

3 Flektierbare Wortarten: Das Nomen

Die Bildung verschiedener grammatischer Formen eines Nomens nennt man **Deklination** (**dēclīnāre** *beugen*). An der deklinierten Form erkennt man **Numerus** (**numerus, -i** m. *Zahl*) und **Kasus** (**cāsus, -ūs** m. *Fall*) eines Nomens. Nur in manchen Kasus lässt sich aus der angehängten Endung auch eindeutig das **Genus** (**genus, generis** n. *Geschlecht*) erschließen.

Die Endungen lassen zwar Rückschlüsse auf Kasus und Numerus zu, allerdings kennzeichnen manchmal dieselben Endungen im Lateinischen verschiedene Kasus und Numeri. Wenn du herausfinden willst, welcher Kasus bzw. Numerus letztlich gemeint ist, musst du daher auch den Satzzusammenhang berücksichtigen.

Genus

Wie im Deutschen unterscheidet man im Lateinischen drei Geschlechter (**Genera**): Das weibliche (**Femininum**), das männliche (**Maskulinum**) und das sächliche Genus (**Neutrum**). In Wörterbüchern und Vokabelverzeichnissen werden Substantive immer zusammen mit ihren Genera angegeben. Diese werden entsprechend mit den Buchstaben **f.**, **m.** und **n.** abgekürzt.

Formenlehre

Bei vielen Nomina kann man das Genus aus der angehängten Endung bzw. aus der Zugehörigkeit zu einer Deklinationsgruppe ableiten. Dies trifft jedoch nicht für alle Nomina zu. Nur bei manchen Nomina stimmt das grammatische Genus mit dem der Wortbedeutung überein, z.B. bei Personennamen wie **Cornelia** und **Marcus** oder bei geschlechtsspezifischen Personenbezeichnungen wie **māter** f. *die Mutter* oder **filius** m. *der Sohn*. Wenn dies der Fall ist, spricht man von einem **natürlichen Geschlecht**. Alle anderen Nomina werden nach ihrem **grammatischen Geschlecht** dekliniert. Auch im Deutschen müssen grammatisches und biologisches Geschlecht nicht übereinstimmen. *Das Mädchen* ist weiblich, obwohl es der grammatischen Form nach im Neutrum steht.

 Nur in manchen Fällen stimmt das deutsche Geschlecht mit dem lateinischen überein. Daher sollte man immer das entsprechende Genus zusammen mit den Vokabeln lernen.

Ihrem natürlichen Geschlecht nach **maskulin** sind alle männlichen Personen. Auch Namen von **Völkern**, **Flüssen** und **Winden** werden als maskulin angesehen.
Ihrem natürlichen Geschlecht nach **feminin** sind weibliche Personen. Außerdem bilden in der Regel **Baumnamen**, **Städte**, **Inseln** und **Länder** ihre grammatischen Formen im Femininum.

Bei Sammelbezeichnungen von Personen oder Tieren, bei denen das natürliche Geschlecht eindeutig bestimmt werden kann, existieren im Lateinischen häufig feminine und maskuline Formen nebeneinander. Es gibt drei Möglichkeiten, um die weibliche von der männlichen Form zu unterscheiden: durch spezifische **Ableitungssuffixe**, eigene **Vokabeln** oder durch **Begleit- und Beziehungswörter**.

Manchmal wird die weibliche von der männlichen Form abgeleitet und durch ein spezifisches **Ableitungssuffix** gekennzeichnet:

filius m.	der Sohn	**filia** f.	die Tochter
puer m.	der Junge	**puella** f.	das Mädchen
rēx m.	der König	**rēgina** f.	die Königin
lupus m.	der Wolf	**lupa** f.	die Wölfin

Manchmal wird die weibliche Form auch durch ein eigenes Wort gebildet.

pater m.	der Vater	**māter** f.	die Mutter
frāter m.	der Bruder	**soror** f.	die Schwester
vir m.	der Mann	**mulier** f.	die Frau
taurus m.	der Stier	**vacca** f.	die Kuh

Nomen

Bei einigen Wörtern wird nur durch Begleit- oder Beziehungswörter deutlich, wenn nicht die männliche, sondern explizit die weibliche Form gemeint ist:

hic/haec cīvis	dieser/diese Bürgerin
coniunx meus/mea	mein Gatte/meine Gattin
sacerdōs pius/pia	der fromme Priester/die fromme Priesterin
dux optimus/optima	der beste Anführer/die beste Anführerin

 Wenn Sammelbezeichnungen eine Gruppe von Personen bezeichnen, folgen sie dem grammatischen Geschlecht:
magnae cōpiae *starke Truppen* oder **vigiliae armātae** *bewaffnete Wachposten*

Im Gegensatz zu Personenbezeichnungen wird bei Tiernamen nur dann auf die eindeutige Kennzeichnung des gemeinten Geschlechts geachtet, wenn sie für den inhaltlichen Zusammenhang eine wichtige Rolle spielt. Sonst haben sie **ein** grammatisches Genus.
passer m. *der Sperling*   **aquila** f. *der Adler*   **tigris** f. *der Tiger*

Ausnahmen:
- **mancipium** *der Sklave* steht als „verkäufliche Ware" im Neutrum.
- Alle Wörter, die nicht dekliniert werden können (**Indeklinabilia**), werden als Neutra behandelt, z.B.:

maximum nefās *ein schweres Verbrechen*
suprēmum valē *das letzte Lebewohl*

Kasus

Der Kasus gibt an, welche Rolle ein Wort innerhalb des Satzgefüges hat. Er bestimmt seine **syntaktische Funktion**.

Darüber hinaus kann der Kasus einen Hinweis darauf geben, dass mehrere Wörter im Satz zusammengehören. Wenn Adjektive, Partizipien oder Pronomen ein anderes Nomen ergänzen und somit eine attributive Funktion haben, stehen diese mit ihm in **Kongruenz**, d.h. sie stimmen mit ihm in **Kasus**, **Numerus** und **Genus** überein. Vereinfacht wird häufig von **„KNG - Kongruenz"** gesprochen.

Trotz **KNG - Kongruenz** können sich die Endungen zusammengehöriger Wörter unterscheiden. Das liegt daran, dass sie verschiedenen Deklinationen angehören und andere Formen bilden.
▶ Mehr zum Thema „Kongruenz" erfährst du in den folgenden Kapiteln zu **Deklinationen**, **Adjektiven** und **Pronomen**.

Formenlehre

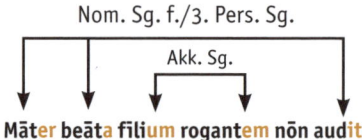

Māter beāta filium rogantem nōn audit.
Die glückliche Mutter hört ihren bittenden Sohn nicht.

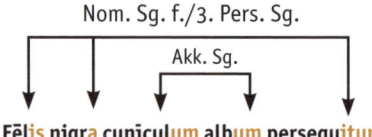

Fēlis nigra cunīculum album persequitur.
Die schwarze Katze verfolgt das weiße Kaninchen.

>< Im Lateinischen gibt es im Gegensatz zur deutschen Sprache **keine Artikel**. Ebenso wenig wird die Rolle eines Wortes im Satz durch die **Wortstellung** ausgedrückt. Da die **syntaktische Funktion** eines Wortes daher allein durch seine Endung und den Satzzusammenhang bestimmt ist, ist es besonders wichtig, die entsprechenden lateinischen Kasus an ihren Endungen zu erkennen.

Man unterscheidet im Lateinischen **fünf verschiedene Kasus**. Darüber hinaus verfügt das Lateinische noch über eine **Anredeform** („**Vokativ**" von **vocāre** *rufen, nennen*), der als eigener Fall angesehen werden kann. Er wird in den Deklinationstabellen nicht aufgeführt, da er seine grammatischen Formen gleich dem Nominativ bildet. Nur bei den Wörtern der 2. Deklination auf **-us** und **-ius** bildet er eigene Formen.

	FRAGE	ABKÜRZUNG
Nominativ	wer oder was?	Nom.
Genitiv	wessen?	Gen.
Dativ	wem?	Dat.
Akkusativ	wen oder was?	Akk.
Ablativ	wodurch? womit? wann? wo?	Abl.
Vokativ	–	Vok.

Nur **Nominativ** und **Vokativ** sind unabhängige Fälle (**casūs rectī**); die übrigen Fälle können ohne ein Satzglied im Nominativ nicht auftreten. Sie müssen sich an ein anderes Satzglied anlehnen und werden daher entsprechend **casūs oblīquī** (abhängige Fälle) genannt.

Nomen

 Im Lateinischen sind zwei Kasus der indogermanischen Grundsprache, der **Lokativ** (Wo?) und der **Instrumentalis** (Womit? Wodurch?), mit dem **Ablativ** verschmolzen. Die deutsche Sprache besitzt keine Ablativ-Formen. Sie können im Deutschen mit Hilfe von Präpositionen ausgedrückt werden. Meist handelt es sich dabei um Dativ- oder Akkusativformen mit Präposition, z.B.: *im Garten, mit dem Auto, durch die Verspätung* usw.

Numerus

Das Lateinische kennt wie die deutsche Sprache zwei Numeri und unterscheidet zwischen Singular („Einzahl") und Plural („Mehrzahl"). Manche Substantive kommen ihrer Bedeutung wegen nur im Singular (**singulāria tantum**) andere nur im Plural (**plūrālia tantum**) vor.

Singulāria tantum sind:
- **Eigennamen**, wie z.B. **Cicerō**, **Caesar** oder **Rōma**
- Bezeichnungen von **einheitlichen Materialien**, wie z.B. **aurum, -ī** n. *Gold* oder **aes, aeris** n. *Erz* (Das Wort *aera* kommt in seltenen Fällen im Plural vor, hat dann aber die Bedeutung *Bronzestatuen* oder *Bronzetafeln*!)
- **Abstrakte Begriffe**, wie z.B. **scientia, -ae** f. *Wissen, Kenntnisse*, oder **supellex, -ectilis** f. *Hausrat*

Plūrālia tantum sind:
- Bezeichnungen für eine zusammengehörige Gruppe von **Lebewesen**, wie z.B. **līberī, -ōrum** m. *Kinder*, **penātēs, -ium** m. *Hausgötter*, **maiōrēs, -um** m. *Vorfahren* oder **posterī, -ōrum** m. *Nachkommen*
- **Körperteile**, die nur paarweise auftreten oder aus mehreren Teilen bestehend gedacht werden, wie z.B. **nārēs, -ium** f. *Nase („Nüstern")* oder **viscera, -um** n. *Eingeweide*
- **Zeitabschnitte** und **Feste**, die meist mehrere Stunden oder Tage andauern, wie z.B. **Kalendae, -ārum** f. *der Monatserste*, **Sāturnālia, -ium** n. *das Saturnalienfest*, **Olympia, -ōrum** n. *das Fest der olympischen Spiele* oder **nuptiae, -ārum** f. *Hochzeit*
- **Dinge**, die aus **mehreren Teilen** bestehen, wie z.B. **reliquiae, -ārum** f. *Rest*, **scālae, -ārum** f. *Treppe*, **arma, -ōrum** n. *Waffen* oder **insidiae, -ārum** f. *Hinterhalt*
- **Geographische Bezeichnungen**, wie **Athēnae, -arum** f. oder **Alpēs, -ium** f.

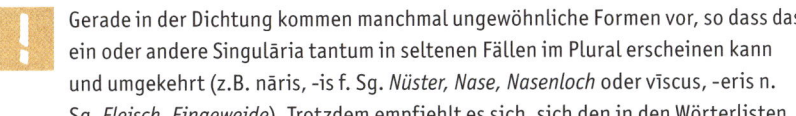 Gerade in der Dichtung kommen manchmal ungewöhnliche Formen vor, so dass das ein oder andere Singulāria tantum in seltenen Fällen im Plural erscheinen kann und umgekehrt (z.B. **nāris, -is** f. Sg. *Nüster, Nase, Nasenloch* oder **vīscus, -eris** n. Sg. *Fleisch, Eingeweide*). Trotzdem empfiehlt es sich, sich den in den Wörterlisten

Formenlehre

! angegebenen Nominativ und Genitiv des Nomens einzuprägen, um zu erkennen, ob es sich um ein Singular- bzw. um ein Pluralwort handelt.

Da in den Wörterlisten üblicherweise Nominativ und Genitiv des Nomens angegeben sind, geht daraus immer hervor, ob es sich um ein Singular- bzw. um ein Pluralwort handelt.

Tatsächlich gibt es auch Nomen, die im Singular und im Plural **unterschiedliche Bedeutungen** haben und deshalb getrennt voneinander gelernt werden müssen, wie z.B.:

cōpia, -ae f.	Vorrat, Menge	cōpiae, -ārum f.	Truppen
littera, -ae f.	Buchstabe	litterae, -ārum f.	Brief, Wissenschaft
auxilium, -ī n.	Hilfe	auxilia, -ōrum n.	Hilfstruppen
finis, -is m.	Grenze	finēs, -ium m.	Gebiet

In Resten ist noch ein weiterer Numerus, der indogermanische Numerus der Zweizahl („**Dual**"), im Lateinischen vorhanden, der jedoch sehr selten auftritt, wie z.B. **duo** *zwei* oder **ambo** *beide*.

4 Die Deklinationen

Jedes Nomen kann eindeutig einer **Deklination** (**dēclināre** *beugen*) zugeordnet werden, nach der es dekliniert wird, d.h. es erhält für jeden Kasus und Numerus eine eigene Endung; bei Adjektiven und Partizipien wird auch noch das Genus berücksichtigt.

Die lateinische Sprache unterscheidet zwischen sieben verschiedenen Deklinationen, die in **fünf wesentliche Deklinationsgruppen** zusammengefasst werden können. Die Zugehörigkeit richtet sich nach dem Auslaut des Wortstamms, der ein Vokal oder ein Konsonant sein kann. Der Stammauslaut ist gewöhnlich am besten am Genitiv Plural zu erkennen. Danach unterscheidet man:

GEN. PL.	WORTSTAMM	DEKLINATION
amicā-rum	amica-	a-Deklination
dominō-rum	domino-	o-Deklination
rēg-um	rēg-	3. Deklination (konsonantische Stämme)
mari-um	mari-	3. Deklination (i-Stämme)
urbi-um	urb(i)-	3. Deklination (Mischklasse)
domu-um	domu-	u-Deklination
rē-rum	re-	e-Deklination

Deklinationen

Die konsonantischen Stämme, die i-Stämme und die so genannte „Mischklasse"
werden aufgrund ihrer Gemeinsamkeiten zu einer Deklinationsgruppe (3. Deklination)
zusammengefasst.

Einige Kasusregeln gelten für alle Deklinationen gleichermaßen:

- Die **Neutra** haben im Singular und Plural **drei gleiche Kasus**: Nominativ, Akkusativ und Vokativ.

ingenium n.	Anlage, Begabung (Nom. Sing. oder Akk. Sing.)/ (Was für eine) Begabung! (Vokativ)
verba n.	die Worte (Nom. Pl. oder Akk. Plural)/Worte! (Vokativ)

- Im **Nominativ** und **Akkusativ Plural** haben **Neutra** die Endung **-a**.
- Der **Vokativ** entspricht in der Regel dem **Nominativ**.(Nur in der o-Deklination bei Wörtern auf -us und –ius gibt es Ausnahmen!)
- Der **Ablativ Plural** entspricht der Form nach dem **Dativ Plural**.

Die a-Deklination (1. Deklination)

Alle Wörter mit der Endung **-a** im Nominativ Singular und **-ae** im Genitiv Singular werden nach der a-Deklination dekliniert. Ihr Merkmal ist der Stammauslaut **-a-**, der in allen Kasus außer im Dativ und Ablativ Plural sichtbar ist.

Sie sind dem grammatischen Geschlecht nach allesamt **weiblich**, mit Ausnahme derjenigen, die ein natürliches Geschlecht haben wie **poēta** m. *Dichter* oder **nauta** m. *Seefahrer*.

Am Beispiel **anima, -ae** f. *Seele, Atem, Leben* wird verdeutlicht, wie die Substantive der a-Deklination dekliniert werden:

	SINGULAR		PLURAL	
Nom.	**anima**	die Seele	**animae**	die Seelen
Gen.	**animae**	der Seele	**animārum**	der Seelen
Dat.	**animae**	der Seele	**animīs**	den Seelen
Akk.	**animam**	die Seele	**animās**	die Seelen
Abl.	**animā**	mit der Seele	**animīs**	mit den Seelen

Formenlehre

 Adjektive auf **-us, -a, -um** und auf **-er**, das Partizip Perfekt Passiv und das Partizip Futur Aktiv bilden ihre femininen Formen auch nach der a-Deklination.

Besonderheiten:
- Aufgrund ihres natürlichen Geschlechts maskulin sind folgende Nomina:

poēta, -ae m. *Dichter*	**agricola, -ae** m. *Bauer*
nauta, -ae m. *Seefahrer*	**incola, -ae** m. *Einwohner*

 Im Gegensatz zum Deutschen kennt der Römer für diese Begriffe tatsächlich keine weibliche Form. Auch wenn es um eine *gelehrte Dichterin* geht, wird daher von **poēta doctus** gesprochen.

- Nur im Plural kommen vor u.a.:

dīvitiae, -ārum f. *Reichtum*	**īnsidiae, -arum** f. *Hinterhalt*

- Nur als Singularwörter existieren u.a.:

iūstitia, -ae f. *Gerechtigkeit*	**scientia, -ae** f. *Wissen, Kenntnisse*

- Manche Substantive haben im Singular eine andere Bedeutung als im Plural:

cōpia, -ae f. *Vorrat, Menge*	**cōpiae, -ārum** f. *Truppen*
littera, -ae f. *Buchstabe*	**litterae, -ārum** f. *Brief, Wissenschaft*

- Zudem sind noch wenige ältere Formen erhalten geblieben, die anstelle der gebräuchlichen Formen auftreten können:
  Im Genitiv Singular kommen folgende Formen vor:
  pater familiās (im Plural patrēs familiās) *Familienvater*
  māter familias (im Plural mātrēs familiās) *Hausfrau*
  Im **Dativ/Ablativ** Plural haben **dea** *Göttin* und **filia** *Tochter* bei Verbindung mit dem Maskulinum zur Unterscheidung die ältere Endung **-bus**:

deīs et deābus *Göttern und Göttinnen*	**cum filiīs filiābusque** *mit den Söhnen und Töchtern*

- Von **Rōma, -ae** wird der Lokativ (Ablativ) **Rōmae** *in Rom* gebildet. Er antwortet auf die Frage „wo?".
  Marcus et parentēs Rōmae habitant. *Marcus und seine Eltern leben in Rom.*

Deklinationen

Die o-Deklination (2. Deklination)

Alle Wörter mit den Endungen **-us**, **-er** oder **-um** im Nominativ Singular und **-i** im Genitiv Singular werden nach der o-Deklination dekliniert. Ihr Merkmal ist der Stammauslaut **-o-**, der im Genitiv Plural sichtbar ist.

Alle Wörter der o-Deklination auf **-er** sind dem grammatischen Geschlecht nach **männlich**, alle Wörter auf **-um sächlich**, die meisten Wörter auf **-us männlich**.

Präge dir folgenden Merksatz ein:
Stadt, Land, Insel, Baum auf **-us**
als weiblich man sich merken muss!
(Z.B. **mālus frūctuōsa** *der fruchtbare Apfelbaum*)

Substantive mit der Endung -us

Am Beispiel **amīcus, -ī** m. *Freund* wird verdeutlicht, wie die Substantive der o-Deklination dekliniert werden, die auf **-us** enden:

	SINGULAR		PLURAL	
Nom.	**amīcus**	der Freund	**amīcī**	die Freunde
Gen.	**amīcī**	des Freundes	**amīcōrum**	der Freunde
Dat.	**amīcō**	dem Freund	**amīcīs**	den Freunden
Akk.	**amīcum**	den Freund	**amīcōs**	die Freunde
Abl.	**amīcō**	mit dem Freund	**amīcīs**	mit den Freunden

Substantive der o-Deklination bilden im Maskulinum als einzige den Vokativ, der nicht mit dem Nominativ formengleich ist. Substantive, die auf **-us** enden, bilden den Vokativ auf **-e**, also z.B. domine! *(mein) Herr!* oder amice! *(mein) Freund!*. Substantive auf **-ius** wie filius bilden den Vokativ auf **-ī**, also z.B. filī! *(mein) Sohn!*.

Nicht alle Substantive, die auf **-us** enden, gehören zur o-Deklination! Sie können ebenso zur u-Deklination zählen. Lerne den Genitiv Singular immer zusammen mit der Wortbedeutung, damit du weißt, zu welcher Deklinationsgruppe die Vokabel gehört.

Formenlehre

Substantive mit der Endung -er

Die Substantive auf **–er** zerfallen in zwei Gruppen: Bei manchen Vokabeln bleibt das **-e-** in allen Kasus erhalten, z.B. bei **puer, -ī** m. *Junge*, während bei den meisten das **-e-** nur im Nominativ Singular (bzw. auch im Vokativ) vorhanden ist, z.B. bei **liber, librī** m. *Buch*.

Am Beispiel **puer, -ī** m. *Junge* wird verdeutlicht, wie die Substantive der o-Deklination dekliniert werden, die auf **-er** enden:

	SINGULAR		PLURAL	
Nom.	**puer**	der Junge	**puerī**	die Jungen
Gen.	**puerī**	des Jungen	**puerōrum**	der Jungen
Dat.	**puerō**	dem Jungen	**puerīs**	den Jungen
Akk.	**puerum**	den Jungen	**puerōs**	die Jungen
Abl.	**puerō**	mit dem Jungen	**puerīs**	mit den Jungen

Substantive mit der Endung -um

Viele Neutra der o-Deklination haben die Endung **-um**. Am Beispiel **templum, -ī** n. *Tempel, Heiligtum* wird verdeutlicht, wie diese Substantive dekliniert werden:

	SINGULAR		PLURAL	
Nom.	**templum**	der Tempel	**templa**	die Tempel
Gen.	**templī**	des Tempels	**templōrum**	der Tempel
Dat.	**templō**	dem Tempel	**templīs**	den Tempel
Akk.	**templum**	den Tempel	**templa**	die Tempel
Abl.	**templō**	mit dem Tempel	**templīs**	mit den Tempel

 Adjektive auf **-us, -a, -um** und auf **-er**, das Partizip Perfekt Passiv und das Partizip Futur Aktiv bilden ihre maskulinen Formen nach der o-Deklination.

Besonderheiten:
- Als Ausnahmen **nicht maskulin** sind folgende Vokabeln:

| humus, -ī f. *Boden* | virus, -ī n. *Gift* |
| vulgus, -ī n. *Volk* | Corinthus, -ī f. *Korinth* |

Deklinationen

Die 3. Deklination

Diese Deklinationsgruppe fasst drei verschiedene Deklinationen zusammen: die **konsonantischen Stämme**, die **i-Stämme** und die so genannte **„Mischklasse"**, in der Merkmale der konsonantischen Stämme und der i-Stämme „vermischt" sind. Der einzige Unterschied zur konsonantischen besteht in der Endung **-ium** für den Genitiv Plural.

Der dritten Deklination sind sehr viele, von ihrem Stamm her sehr unterschiedliche Substantive zugeordnet: Alle Wörter, deren **Genitiv Singular** auf **-is** ausgeht, gehören zur dritten Deklination. Die Nominativ Singular-Endungen sind sehr verschieden und häufig lässt sich aus ihnen der Stamm nicht erkennen, wie z.B. bei **senex, senis** m. *Greis* oder **opus, -eris** n. *Werk*. Das zeigt, dass der Genitiv Singular unbedingt mitgelernt werden muss, z.B. **virtūs, -ūtis** f. *Tapferkeit*.

 Das **Genus** der Nomina der dritten Deklination ist **nicht festgelegt**. Zweisilbige Wörter auf **-or** sind in der Regel **männlich**, alle Wörter auf **-io weiblich**. Darüber hinaus lässt sich kaum eine einheitliche Regel aufstellen, daher sollte auch das Genus unbedingt zusammen mit den Vokabeln gelernt werden!

Die konsonantische Deklination

Substantive, deren Wortstamm auf einen Konsonanten endet, z.B. **lēx, lēgis** f. *Gesetz*, werden konsonantisch dekliniert. Sie können jedes Genus besitzen. (Also unbedingt den Genitiv mitlernen!) Maskulinum und Femininum werden wie das folgende Beispiel dekliniert:

	SINGULAR		PLURAL	
Nom.	**lēx**	das Gesetz	**lēgēs**	die Gesetze
Gen.	**lēgis**	des Gesetzes	**lēgum**	der Gesetze
Dat.	**lēgī**	dem Gesetz	**lēgibus**	den Gesetzen
Akk.	**lēgem**	das Gesetz	**lēgēs**	die Gesetze
Abl.	**lēge**	mit dem Gesetz	**lēgibus**	mit den Gesetzen

Formenlehre

Das Beispiel **opus, -eris** n. *Werk, Arbeit* veranschaulicht, wie die Neutra der konsonantischen Deklination dekliniert werden:

	SINGULAR		PLURAL	
Nom.	**opus**	das Werk	**opera**	die Werke
Gen.	**operis**	des Werkes	**operum**	der Werke
Dat.	**operī**	dem Werk	**operibus**	den Werken
Akk.	**opus**	das Werk	**opera**	die Werke
Abl.	**opere**	mit dem Werk	**operibus**	mit den Werken

Besonderheiten:
- Bei manchen Wörtern hat der Nominativ einen ganz anderen Wortstamm, z.B. bei

  Iuppiter, Iovis m. *Jupiter*   **iter, itineris** n. *Weg*

- Von **bōs, bovis** m./f. *Rind* und **vās, vāsis** n. *Gefäß* werden besondere Formen gebildet, die zusätzlich gelernt werden müssen:

	SINGULAR	PLURAL	SINGULAR	PLURAL
Nom.	**bōs**	**bovēs**	**vās**	**vāsa**
Gen.	**bovis**	**boum**	**vāsis**	**vāsōrum**
Dat.	**bovī**	**būbus/bōbus**	**vāsī**	**vāsīs**
Akk.	**bovem**	**bovēs**	**vās**	**vāsa**
Abl.	**bove**	**būbus/bōbus**	**vāse**	**vāsīs**

Nur acht Adjektive werden konsonantisch dekliniert: **vetus, veteris** *alt,* **dives, divitis** *reich,* **pauper, pauperis** *arm,* **princeps, principis** *der erste,* **compos, compotis** *an etw. beteiligt,* **superstes, superstitis** *überlebend,* **sōspes, sospitis** *wohlbehalten, unversehrt,* **particeps, participis** *teilhaftig, teilnehmend.*

Deklinationen

Die i-Deklination

Einige Fluss- und Ortsnamen, wie **Tiberis, -is** m. und **Neāpolis, -is** f. und nur sechs Substantive, die alle weiblich sind, **sitis, -is** f. *Durst,* **puppis, -is** f. *Heck,* **turris, -is** f. *Turm,* **tussis, -is** f. *Husten,* **febris, -is** f. *Fieber,* **secūris, -is** f. *Beil,* **vīs** f. *Kraft,* und die Neutra **mare, -ris** n. *Meer,* **animal, -ālis** n. *Lebewesen,* **vectigal, -ālis** n. *Steuer, Abgabe,* gehören zu den i-Stämmen, deren Merkmal der Stammauslaut -**i** ist.

Der folgende Merksatz könnte hilfreich sein:
„Bei **febris, puppis et secūris, turris, tussis, sitis, vīs, Tiberis, Neāpolis** noch wichtig ist, dass man den i-Stamm nicht vergisst."

Am Beispiel **turris, -is** f. *Turm* wird deutlich, wie die Feminina der i-Stämme dekliniert werden:

	SINGULAR		PLURAL	
Nom.	**turris**	der Turm	**turrēs**	die Türme
Gen.	**turris**	des Turmes	**turrium**	der Türme
Dat.	**turrī**	dem Turm	**turribus**	den Türmen
Akk.	**turrim**	den Turm	**turrēs/-īs**	die Türme
Abl.	**turrī**	mit dem Turm	**turribus**	mit den Türmen

Die Neutra wie **animal, -is** n. *Tier, Lebewesen* werden folgendermaßen dekliniert:

	SINGULAR		PLURAL	
Nom.	**animal**	das Tier	**animālia**	die Tiere
Gen.	**animālis**	des Tieres	**animālium**	der Tiere
Dat.	**animālī**	dem Tier	**animālibus**	den Tieren
Akk.	**animal**	das Tier	**animālia**	die Tiere
Abl.	**animālī**	mit dem Tier	**animālibus**	mit den Tieren

Adjektive auf **-is** wie **brevis, -is** *kurz,* auf **-ns** wie **cōnstāns, -antis** *beständig* und **-x** wie **audāx, -ācis** *kühn* werden nach den i-Stämmen dekliniert. Der Akkusativ Singular wird allerdings dabei im Maskulinum und Femininum nicht auf **-im**, sondern auf **-em** gebildet.

Formenlehre

Besonderheiten:
- Das Substantiv **vīs** f. *Kraft, Gewalt* bildet besondere Formen. Es besitzt weder einen Genitiv noch einen Dativ Singular. Der Akkusativ Singular lautet **vim**, der Ablativ **vī**. Der Plural wiederum wird regelmäßig vom Wortstamm **vīr-** gebildet (**vīrēs, vīrium, vīribus, vīrēs, vīribus**). Die Bedeutung des Wortes im Singular und Plural unterscheidet sich: **vīs** f. *Kraft, Gewalt* bzw. **vīrēs, -ium** f. *Streitkräfte*

Die „Mischklasse"

Zur „Mischklasse" gehören
- alle Wörter, die im Nominativ Singular auf **-es** oder **-is** enden und im Nominativ und Genitiv Singular dieselbe Silbenzahl haben und nicht zu den i-Stämmen zählen, z.B.: **hostis, -is** m. *Feind* oder **navis, -is** f. *Schiff*.
- und alle Substantive, deren Stammauslaut aus zwei Konsonanten besteht, wie z.B. **urbs, urbis** f. *Stadt* oder **ars, artis** f. *Kunst*.

Der einzige Unterschied zu den konsonantischen Stämmen besteht in der Endung **-ium** für den **Genitiv Plural**.

Ausnahmen stellen **pater, patris** m. *Vater*, **māter, mātris** f. *Mutter*, **frāter, frātris** m. *Bruder*, **iuvenis, -is** m. *junger Mann* und **canis, -is** m./f. *Hund* dar. Sie werden konsonantisch dekliniert.

Von **parentēs, -(i)um** m. *Eltern*, **mēnsis, -is** m. *Monat*, **vātēs, -is** m. *Seher*, **mūs, mūris** m. *Maus* und **fraus, fraudis** f. *Betrug* sind zwei Genitiv Plural Formen nebeneinander gebräuchlich.

Am Beispiel **hostis, -is** m. *Feind* wird deutlich, wie Substantive der Mischklasse dekliniert werden:

	SINGULAR		PLURAL	
Nom.	hostis	der Feind	hostēs	die Feinde
Gen.	hostis	des Feindes	hostium	der Feinde
Dat.	hostī	dem Feind	hostibus	den Feinden
Akk.	hostem	den Feind	hostēs	die Feinde
Abl.	hoste	mit dem Feind	hostibus	mit den Feinden

Es gibt keine Adjektive, die nach der Mischdeklination dekliniert werden, jedoch bildet das Partizip Präsens Aktiv seine Formen danach.

Deklinationen

Die u-Deklination (4. Deklination)

Nur eine kleine Gruppe von Substantiven mit der Endung **-us** oder **-ū** im Nominativ Singular und **-ūs** im Genitiv Singular wird nach der u-Deklination dekliniert, wie z.B. **passus, -ūs** m. *Schritt* oder **cornū, -ūs** n. *Horn*. Ihr Merkmal ist der Stammauslaut **-u-**.

Alle Wörter auf **-us** sind **männlich** mit Ausnahme von **domus, -ūs** f. *Haus*, **manus, -ūs** f. *Hand*, **tribus, -ūs** f. *Wahlbezirk*, **porticus, -ūs** f. *Säulenhalle* und **īdus, -uum** f. *Iden (je nach Monat der 13. oder 15. Tag)*; diese sind weiblich. Nur wenige Substantive mit der Endung -u wie **cornū, -ūs** n. *Horn* sind sächlich.

Am Beispiel **passus, -ūs** m. *Schritt* wird deutlich, wie maskuline und feminine Substantive der u-Deklination dekliniert werden:

	SINGULAR		PLURAL	
Nom.	passus	der Schritt	passūs	die Schritte
Gen.	passūs	des Schrittes	passuum	der Schritte
Dat.	passui	dem Schritt	passibus	den Schritten
Akk.	passum	den Schritt	passūs	die Schritte
Abl.	passū	mit dem Schritt	passibus	mit den Schritten

Neutra werden wie **cornū, -ūs** n. *Horn* dekliniert:

	SINGULAR		PLURAL	
Nom.	cornū	das Horn	cornua	die Hörner
Gen.	cornūs	des Horns	cornuum	der Hörner
Dat.	cornū(ī)	dem Horn	cornibus	den Hörnern
Akk.	cornū	das Horn	cornua	die Hörner
Abl.	cornū	mit dem Horn	cornibus	mit den Hörnern

Besonderheiten:
- Manche Substantive haben im Dativ und Ablativ Plural statt -ibus die Endung -ubus. Dies gilt für **arcus, -ūs** m. *Bogen*, **artus, -ūs** m. *Gelenk* und **tribus, -ūs** f. *der Bezirk*, die entsprechend die Formen **arcubus, artubus** und **tribubus** bilden.
- Dativformen auf **-ū** kommen ausnahmsweise auch bei Wörtern auf -us vor, z.B. **exercitū** *dem Heer*.

Formenlehre

- **domus, -ūs** f. *Haus* wird teilweise nach der o-Deklination gebeugt und hat besondere Formen:

	SINGULAR	PLURAL
Nom.	**domus**	**domūs**
Gen.	**domūs**	**domōrum/domuum**
Dat.	**domuī**	**domibus**
Akk.	**domum**	**domōs** (selten **domūs**)
Abl.	**domō**	**domibus**

Präge dir folgende Formen von **domus** ein, die immer wieder auftreten:

| **domī** *zu Hause* | **domum** *nach Hause* | **domō** *von zu Hause* |

 Es gibt keine Adjektive, die nach der u-Deklination dekliniert werden.

Die e-Deklination (5. Deklination)

Zur e-Deklination gehören nur wenige Wörter mit der Endung **-es** im Nominativ Singular und **-(ē) ī** im Genitiv Singular. Sehr häufig auftretende Substantive sind **rēs, -eī** f. *Sache* und **diēs, -ēī** m./f. *Tag/Termin*. Man erkennt sie am Stammauslaut **-e-**.

Alle Wörter sind dem grammatischen Geschlecht nach **weiblich**. Nur **diēs, -ēī** m. *Tag* und **merīdiēs, -ēī** m. *Mittag* bilden eine Ausnahme: Sie sind männlich.
Damit noch nicht genug, in der Bedeutung *Termin* ist **diēs, -ēī** weiblich.

Am Beispiel **rēs, -eī** f. *Sache* wird deutlich, wie Substantive der e-Deklination dekliniert werden:

	SINGULAR		PLURAL	
Nom.	**rēs**	die Sache	**rēs**	die Sachen
Gen.	**reī**	der Sache	**rērum**	der Sachen
Dat.	**reī**	der Sache	**rēbus**	den Sachen
Akk.	**rem**	die Sache	**rēs**	die Sachen
Abl.	**rē**	mit der Sache	**rēbus**	mit den Sachen

Adjektive

Besonderheiten:
- Das Substantiv **rēs, -eī** f. *Sache* tritt häufig in Verbindung mit anderen Substantiven oder Adjektiven auf und kann sehr verschiedenartige Bedeutungen haben, z.B.:

rēs mīlitāris	das Kriegswesen	rēs futūrae (Pl.)	Zukunft
rēs secundae (Pl.)	Glück	rēs adversae (Pl.)	Unglück
rēs familiāris	Hauswesen, Vermögen	rēs gestae (Pl.)	Taten
rēs Rōmānae (Pl.)	die römische Geschichte	rēs pūblica	Staat

Es gibt im Lateinischen keine Adjektive, die nach der e-Deklination dekliniert werden.

5 Adjektive

Adjektive sind **Eigenschaftswörter**, die die Beschaffenheit einer Sache, einer Person oder eines Zustandes beschreiben. Sie können als nähere Bestimmung zu einem Substantiv hinzutreten, z.B. **atropa venēnāta** *die giftige Tollkirsche*, **discipulus protervus** *der freche Schüler*, **otium diūtinum** *die langweilige Ferienzeit*.

Damit der Leser die Adjektive den entsprechenden Substantiven zuordnen kann, stehen diese im Lateinischen mit ihrem **Bezugswort** in **Kongruenz**, d.h. sie stimmen in **Kasus**, **Numerus** und **Genus** überein. Sie erfüllen dann die syntaktische Funktion eines **Attributs**.

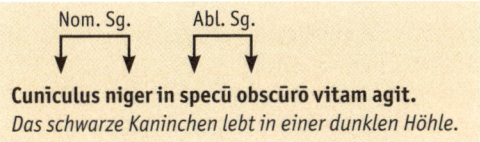

Cunīculus niger in specū obscūrō vitam agit.
Das schwarze Kaninchen lebt in einer dunklen Höhle.

Anders als im Deutschen stehen die attributiv gebrauchten Adjektive im Lateinischen nicht unbedingt unmittelbar bei ihrem Bezugswort. Die **KNG – Kongruenz** gibt dir bei der Erschließung des Satzes den ersten Hinweis darauf, welche Wörter zusammengehören. Da diese manchmal verschiedene Möglichkeiten zulässt, musst du in manchen Fällen nach dem **Sinnzusammenhang** urteilen. Durch das Stilmittel der Sperrung/Gesperrtstellung (**Hyperbaton**) werden zusammengehörige Satzteile bewusst voneinander getrennt, um einzelne Wörter besonders hervorzuheben.

Formenlehre

Adjektiv   Akk Sg.   Substantiv

Aequam mementō rēbus in arduīs servāre **mentem**!
Denke daran, in schweren Tagen ein ausgeglichenes Gemüt zu bewahren!

Adjektive werden wie Substantive dekliniert. Damit sie sich der Form nach an ihr Bezugswort anpassen können, bilden sie anders als Substantive Formen in allen Kasus, Numeri und Genera.

cunīculo nigrō *dem schwarzen Kaninchen/mit dem schwarzen Kaninchen (Dat. Sg./Abl. Sg.)*, **cāseum dēlicātum** *den köstlichen Käse (Akk. Sg.)*, **feminae laetae** *die fröhlichen Frauen (Nom. Pl.)/der fröhlichen Frau (Gen. Sg./Dat. Sg.)*

 Adjektive und Substantive können verschiedenen Deklinationsklassen angehören, d.h. auch wenn sie in Kongruenz zueinander stehen, können sie verschiedene Endungen aufweisen. Daher sind eine gute Formenkenntnis und ein geschärfter Blick bei der Übersetzung des Satzes unabdingbar!

Fēlis nigra cunīculum felicem strepitū ferōci terret.
Die schwarze Katze erschreckt das glückliche Kaninchen durch ein ungestümes Geräusch.

Die syntaktische Funktion eines Adjektivs kann variieren. Außer in der attributiven Funktion können Adjektive in zwei weiteren Verwendungen auftreten: als **Prädikatsnomen** oder als **Prädikativum**.

Das Adjektiv als Prädikatsnomen

Wenn das Adjektiv die Rolle des Prädikatsnomens einnimmt, tritt es meist als Ergänzung des Hilfsverbs **esse** *sein* auf, das allein kein vollwertiges Prädikat darstellt. Auch in diesem Fall steht das Adjektiv mit seinem Bezugswort in Kongruenz, welches das Subjekt des Satzes ist, wie z.B.:

Cunīculus niger est.	*Das Kaninchen ist schwarz.*
Fēlis alba pulchra est.	*Die weiße Katze ist schön.*
Feminae laetae sunt.	*Die Frauen sind fröhlich.*

Adjektive

Auch Substantive können die syntaktische Funktion eines Prädikatsnomens einnehmen, welches wiederum durch ein adjektivisches Attribut näher definiert werden kann.

Cunicul*us* alb*us* anim*al* pulchr*um* est.	*Das weiße Kaninchen ist ein schönes Tier.*
Marc*us* hom*o* magn*us* est.	*Marcus ist ein bedeutender Mann.*

Das Adjektiv als Prädikativum

Das Prädikativum wird häufig mit einem Attribut verwechselt, was nicht zuletzt auch daran liegt, dass der lateinische Satz zwischen attributiver und prädikativer Verwendung keinen Unterschied macht. Ob die eine oder die andere Übersetzungsvariante angebrachter ist, muss aus dem Sinnzusammenhang erschlossen werden.

Ein wichtiger **Bedeutungsunterschied** zwischen Attribut und Prädikativum besteht jedoch darin, dass das Attribut eine Eigenschaft ausdrückt, die in der Regel einen längeren Zeitraum überdauert, während das Prädikativum eine Eigenschaft beschreibt, die nur für den Zeitpunkt der Verbalhandlung von Bedeutung ist, wie z.B.:

Cuniculus salvus viam trānsiit.	
Attributive Verwendung	*Das unversehrte Kaninchen überquerte die Straße.*
Prädikative Verwendung	*Das Kaninchen überquerte unversehrt die Straße. In dem Moment, in dem das Kaninchen die Straße überquert, ist es (noch) unversehrt.*

▶ Mehr zum **Prädikativum** findest du im entsprechenden Kapitel.

Adjektive der a- und o- Deklination

Die Adjektive der a-/o- Deklination unterteilt man in zwei Gruppen, die sich nur im Nominativ Singular voneinander unterscheiden: Die größere Gruppe endet im Nominativ Singular Maskulinum auf **-us**, im Femininum auf **-a** und im Neutrum auf **-um**.
Eine kleinere Zahl von Adjektiven endet im Nominativ Singular Maskulinum auf **-er**, im Femininum auf **-(e)ra** und im Neutrum auf **-(e)rum**.

Die letztgenannte Gruppe unterscheidet wiederum Adjektive, die das **-e-** in allen Kasus beibehalten und diejenigen, die das **-e-** nur im Nominativ (und Vokativ) Singular Maskulinum aufweisen. Hier verhalten sich die Adjektive also genau wie die Substantive der entsprechenden Gruppe.

Formenlehre

In allen Kasus vorhanden ist das **-e-** bei folgenden Adjektiven:

asper, aspera, asperum	*rau, hart*
lacer, lacera, lacerum	*zerrissen*
tener, tenera, tenerum	*zart*
liber, libera, liberum	*frei*
miser, misera, miserum	*elend*

Außerdem bleibt das **-e-** bei den mit **-fer** und **-ger** zusammengesetzten Adjektiven, wie **frūgifer, -era, -erum** *fruchtbar* und **armiger, -era, -erum** *Waffen tragend* erhalten. **Dexter, -era, -erum** *rechts* kann auf beide Arten dekliniert werden und auch die Formen **dexter, dextra, dextrum** bilden.

Die Deklination eines Adjektivs der a-/o-Deklination richtet sich nach seinem Bezugswort. Wird es einem männlichen Substantiv (unabhängig von seiner Deklinationszugehörigkeit) zugeordnet, wird es wie ein Substantiv der o-Deklination flektiert. Ist das Bezugswort weiblich oder sächlich, werden die Formen wie bei einem Substantiv der a-Deklination bzw. wie bei einem Neutrum der o-Deklination gebildet.

Dies kann an **albus, -a, -um** *weiß* veranschaulicht werden:

SINGULAR	M.		F.		N.	
Nom.	cunīculus	albus	fēlis	alba	animal	album
Gen.	cunīculī	albī	fēlis	albae	animālis	albī
Dat.	cunīculō	albō	fēlī	albae	animālī	albō
Akk.	cunīculum	album	fēlem	albam	animal	album
Abl.	cunīculō	albō	fēle	albā	animālī	albō
PLURAL	M.		F.		N.	
Nom.	cunīculī	albī	fēlēs	albae	animālia	alba
Gen.	cunīculōrum	albōrum	fēlum	albārum	animālium	albōrum
Dat.	cunīculīs	albīs	fēlibus	albīs	animālibus	albīs
Akk.	cunīculōs	albōs	fēlēs	albās	animālia	alba
Abl.	cunīculīs	albīs	fēlibus	albīs	animālibus	albīs

Beachte folgende Besonderheiten:
Der Vok. Sing. m. bildet wie die Substantiven der o-Deklination eine eigene Form **albe**.

Adjektive

Auch Partizipien werden wie Adjektive dekliniert. Das Partizip Perfekt Passiv (PPP), das Partizip Futur Aktiv (PFA), das Gerundium sowie das Gerundivum werden wie die Adjektive der a-/o-Deklination auf **-us**, **-a**, **-um** dekliniert.

Beispiel: **agere, agō, ēgī, āctum** *(be)treiben, (ver)handeln*

PPP:	**āctus, ācta, āctum**	PFA:	**āctūrus, āctūra, āctūrum**
Gen. Sg.	**āctī, āctae, āctī**		**āctūrī, āctūrae, āctūrī**
Gerundium:	**Gen.: agendī**	Gerundivum:	**agendus, -a, -um**
Dat. Sg.	**agendō**	Gen. Sg.	**agendī, -ae, -ī** *usw.*

Mehr zu den Partizipien, Gerundium und Co. findest du natürlich in den entsprechenden Kapiteln.

Adjektive der 3. Deklination

Neben den Adjektiven der a-/o-Deklination gibt es auch Adjektive, die nach der dritten Deklination flektiert werden. Wie bei den Substantiven auch unterscheidet man zwischen den Adjektiven, die ihre Formen **konsonantisch** bilden, und denen, die wie die i-Stämme dekliniert werden.

 Im Gegensatz zu den Substantiven gibt es keine Adjektive, die nach der Mischklasse dekliniert werden.

Adjektive der konsonantischen Deklination

Nur acht Adjektive werden konsonantisch dekliniert. Alle sind **ein**-endig, d.h. sie haben im Nom. Sg. für alle drei Genera dieselbe Form. Die zweite Form, die auch in Vokabellisten angegeben wird, ist die Genitiv-Form.

vetus, veteris	*alt*	**compos, compotis**	*an etw. beteiligt*
dīves, dīvitis	*reich*	**superstes, superstitis**	*überlebend*
pauper, pauperis	*arm*	**sōspes, sospitis**	*wohlbehalten, unversehrt*
prīnceps, principis	*der erste*	**particeps, participis**	*teilhaftig, teilnehmend*

Formenlehre

Am Beispiel von **pauper, pauperis** *arm* wird gezeigt, wie diese dekliniert werden:

SINGULAR	M.	F.	N.
Nom.	pauper	pauper	pauper
Gen.	pauperis	pauperis	pauperis
Dat.	pauperī	pauperī	pauperī
Akk.	pauperem	pauperem	pauper
Abl.	paupere	paupere	paupere
PLURAL	M.	F.	N.
Nom.	pauperēs	pauperēs	paupera
Gen.	pauperum	pauperum	pauperum
Dat.	pauperibus	pauperibus	pauperibus
Akk.	pauperēs	pauperēs	paupera
Abl.	pauperibus	pauperibus	pauperibus

Charakteristisch für solche Adjektive sind die Endungen **-e** im Ablativ Singular, **-a** im Neutrum Plural und **-um** im Genitiv Plural.

Die Adjektive der konsonantischen Deklination (i-Stämme)

Bei den Adjektiven, die ihre Formen wie die Substantive der i-Stämme bilden, unterscheidet man **drei Gruppen** nach der Zahl ihrer Formen im **Nominativ Singular**:

- **drei**-endige Adjektive, die im Nominativ Singular für jedes Geschlecht eine eigene Form haben, wie z.B. **ācer** m., **ācris** f., **ācre** n. *scharf*
- **zwei**-endige Adjektive, die im Nominativ Singular nur zwei Formen bilden, wie z.B. **gravis** m. und f., **grave** n. *schwer*
- **ein**-endige Adjektive, die im Nominativ Singular in allen drei Genera dieselbe Form haben, wie z.B. **ingēns** m., f., n. *gewaltig*

Adjektive

An den Beispielen **celer, celeris, celere** *schnell*, **fortis, fortis, forte** *tapfer* und **felix, felix, felix** *glücklich* kann gezeigt werden, wie Adjektive der i-Stämme flektiert werden:

SINGULAR	M.	F.	N.
Nom.	celer	celeris	celere
Gen.	celeris	celeris	celeris
Dat.	celerī	celerī	celerī
Akk.	celerem	celerem	celere
Abl.	celerī	celerī	celerī
PLURAL	M.	F.	N.
Nom.	celerēs	celerēs	celeria
Gen.	celerium	celerium	celerium
Dat.	celeribus	celeribus	celeribus
Akk.	celerēs	celerēs	celeria
Abl.	celeribus	celeribus	celeribus

SINGULAR	M.	F.	N.
Nom.	fortis	fortis	forte
Gen.	fortis	fortis	fortis
Dat.	fortī	fortī	fortī
Akk.	fortem	fortem	forte
Abl.	fortī	fortī	fortī
PLURAL	M.	F.	N.
Nom.	fortēs	fortēs	fortia
Gen.	fortium	fortium	fortium
Dat.	fortibus	fortibus	fortibus
Akk.	fortēs	fortēs	fortia
Abl.	fortibus	fortibus	fortibus

Formenlehre

SINGULAR	M.	F.	N.
Nom.	fēlix	fēlix	fēlix
Gen.	fēlicis	fēlicis	fēlicis
Dat.	fēlicī	fēlicī	fēlicī
Akk.	fēlicem	fēlicem	fēlix
Abl.	fēlicī	fēlicī	fēlicī
PLURAL	M.	F.	N.
Nom.	fēlicēs	fēlicēs	fēlicia
Gen.	fēlicium	fēlicium	fēlicium
Dat.	fēlicibus	fēlicibus	fēlicibus
Akk.	fēlicēs	fēlicēs	fēlicia
Abl.	fēlicibus	fēlicibus	fēlicibus

 Die Adjektive, die wie die i-Stämme flektiert werden, bilden anders als die Substantive dieser Deklinationsklasse den Akkusativ Singular im Maskulinum und Femininum nicht auf **-im**, sondern auf **-em**.

Gelegentlich treten Adjektive ohne Bezugswort auf. Sie greifen häufig ein Substantiv des unmittelbar vorausgehenden Satzes auf und können in einem solchen Fall wie Substantive behandelt und auch als solche übersetzt werden. Dann spricht man von **substantivierten Adjektiven**.

Fēlis mūrem ēdit. Rūrsus fortis parvum vīcit.
Die Katze fraß die Maus. Wieder einmal besiegte der Starke den Schwachen.

Lateinische Adjektive können wie deutsche gesteigert werden.
▶ Dazu erfährst du mehr im Kapitel **Komparation von Adjektiven und Adverbien**.

6 Adverbien

Wie im Deutschen gibt es im Lateinischen eine Vielzahl von Adverbien, die eine unterschiedliche Funktion im Satz haben können. Anders als Adjektive ergänzen die Adverbien nicht die Bedeutung eines Substantivs, sondern die eines **Verbs** (*sorgfältig übersetzen*, *besonnen arbeiten* = **ad verbum** *beim Verb*). Seltener dient ein Adverb auch zur genaueren Bestimmung eines **Adjektivs** („**sehr** erholsame Wochen"), eines **Partizips** („**schwer** getroffen") oder eines anderen **Adverbs** („**äußerst** schnell"). Adverbien zählen zu den **Partikeln** und sind weder deklinierbar noch konjugierbar.

Noctū fēlis nigra citō appropinquāvit. Subitō cunīculum tantopere parvum terruit. Sed cunīculus ācriter territus sērō fūgit.
Nachts näherte sich die schwarze Katze schnell. Plötzlich erschrak das sehr kleine Kaninchen. Doch das Kaninchen, das heftig erschreckt worden war, ergriff zu spät die Flucht.

	ANTWORT AUF DIE FRAGE
Adverbien der Zeit:	wann? wie lange? wie oft?
Adverbien des Ortes:	wo? wohin? woher?
Adverbien der Art und Weise:	wie/auf welche Weise geht die Handlung vor sich?
Adverbien des Grundes:	warum? weshalb?

Bildung von Adverbien aus Adjektiven

Im Lateinischen gibt es zwei Möglichkeiten, aus einem Adjektiv das entsprechende Adverb abzuleiten:

- Bei Adjektiven der a-/o-Deklination wird in der Regel die Endung **-ē** an den Wortstock angehängt, z.B. **pulchrē** *schön*, **magnē** *bedeutend*, **liberē** *frei*
- Bei Adjektiven der dritten Deklination wird in der Regel die Endung **-iter** angehängt, wobei die Stämme auf **-nt-** nur **-er** anfügen, z.B. **fēliciter** *glücklich*, **sapienter** *weise*

 Bei der Adverbienbildung gibt es jedoch einige Ausnahmen, die als solche gelernt werden müssen.

Formenlehre

ADVERBIEN AUF -Ō ZU ADJEKTIVEN DER O-DEKLINATION

citō	schnell	tūtō	sicher
crēbrō	häufig	perpetuō	beständig
falsō	fälschlich	sērō	zu spät
meritō	verdientermaßen	sēcrētō	insgeheim
necessāriō	notwendigerweise	subitō	plötzlich
prīmō	zuerst	rārō	selten
postrēmō	zuletzt		

UNTERSCHEIDE:

vērō	wahrlich, aber	vērē	wahrheitsgemäß
certō	zuverlässig, genau	certē	sicherlich

AKK. SG. NEUTR. DES ADJEKTIVS ALS ADVERB

multum	viel	parum	zu wenig
plūrimum	sehr viel	cēterum	übrigens
plērumque	meist	potissimum	vorzugsweise
nimium	zu viel	prīmum	zuerst
paulum	ein wenig	dēmum	erst
facile	leicht	impūne	ungestraft
nōn facile	schwer	saepe	oft

„ERSTARRTE" KASUS VON SUBSTANTIVEN ALS ADVERB

ABLATIVE

vesperī	abends	magnopere	sehr
noctū	nachts	tantopere	sehr
diū	lange	quantopere	wie sehr
hodiē	heute	modo	nur, eben
cottīdiē	täglich	quōmodo	wie
prīdiē	tags zuvor	forte	zufällig
postrīdiē	tags darauf	grātīs	umsonst
ūnā	zusammen, zugleich	frūstrā	erfolglos
omnīnō	gänzlich, überhaupt		

Adverbien

„ERSTARRTE" KASUS VON SUBSTANTIVEN ALS ADVERB

AKKUSATIVE

partim	teils	**sēnsim**	allmählich
statim	sofort	**nōminātim**	namentlich
passim	überall	**paulātim**	allmählich
praesertim	besonders	**prīvātim**	für sich persönlich
palam	offen, öffentlich	**clam**	heimlich

NOMINATIV

satis	genug	**rūrsus**	wiederum

„ERSTARRTE" VERBINDUNGEN MIT EINER PRÄPOSITION ALS ADVERB

anteā	vorher	**dēnuō**	von neuem
posteā	später	**imprīmis**	besonders
intereā	unterdessen	**īlicō**	sogleich
praetereā	außerdem	**extemplō**	sofort
proptereā	deswegen	**sēdulō**	eifrig
invicem	abwechselnd	**obviam**	entgegen

MIT DEM SUFFIX -TUS GEBILDETE ADVERBIEN, DIE DEN AUSGANGSPUNKT BEZEICHNEN

antīquitus	von alters her	**penitus**	ganz und gar
funditus	von Grund auf, gänzlich, völlig	**rādīcitus**	von der Wurzel aus

ZUSAMMENSETZUNGEN MIT -PER

semper	immer	**nūper**	neulich
paulīsper	ein wenig		

WEITERE AUSNAHMEN:

nunc	nun, jetzt	**vix**	kaum
crās	morgen	**sīc**	so
mox	bald	**simul**	zugleich

Formenlehre

 Einige Adjektive, die besonders häufig vorkommen, bilden ihre Adverbien unregelmäßig. Diese Formen sollte man kennen:

bonus	*gut*	▶	**bene**	*gut*
audāx	*kühn*	▶	**audācter**	*kühn*
alius	*ein anderer*	▶	**aliter**	*anders*

Über Adverbien, die aus Pronominalstämmen oder Zahlwörtern abgeleitet werden, erfährst du in den Kapiteln über Pronomen bzw. Zahlwörter. Adverbien können wie Adjektive gesteigert werden.

7 Komparation der Adjektive und Adverbien

Wie im Deutschen können im Lateinischen Adjektive und Adverbien gesteigert werden, um Vergleiche zwischen zwei oder mehreren Lebewesen oder Gegenständen herzustellen.

*Es gibt starke und schwache Tiere. Die Katze ist in jedem Fall **stärker** als das Kaninchen. **Am stärksten** jedoch ist der Löwe, der König der Tiere.*

Diese **Vergleichsformen** nennt man auch **Komparationsformen**, die Steigerung von Adjektiven und Adverbien entsprechend **Komparation** (**comparāre** *vergleichen*).

Bei Adjektiven und Adverbien gibt es eine Grundstufe und zwei Steigerungsformen:

das starke Tier	*das stärkere Tier*	*das stärkste Tier*
Positiv (Grundstufe)	**Komparativ** (Höherstufe)	**Superlativ** (Höchststufe)

Komparation: Adjektiv/Adverb

Die Bildung der Komparativ- und Superlativformen bei Adjektiven

Der lateinische Komparativ wird in der Regel gebildet, indem man für das Maskulinum und Femininum die Endung **-ior**, für das Neutrum **-ius** an den Wortstamm anfügt.

POSITIV	KOMPARATIV (NOM.SG.MASK./FEM.)	KOMPARATIV (NOM.SG.NEUTR.)
prūdēns, -tis *klug*	**prūdent-ior** *klüger (Mask./Fem.)*	**prūdent-ius** *klüger (Neutr.)*
fortis, -e *stark*	**fort-ior** *stärker (Mask./Fem.)*	**fort-ius** *stärker (Neutr.)*
altus, -a, -um *hoch*	**alt-ior** *höher (Mask./Fem.)*	**alt-ius** *höher (Neutr.)*

Die Komparativformen werden wie die Konsonantenstämme auf **-r** dekliniert. Nur das Neutrum Singular im Nominativ bzw. Akkusativ bildet eine Ausnahme: Die Komparative in diesem Kasus haben die eigene Endung **-ius**.

SINGULAR	M.	F.	N.
Nom.	**prūdentior**	**prūdentior**	**prūdentius**
Gen.		**prūdentiōris**	
Dat.		**prūdentiōri**	
Akk.	**prūdentiōrem**	**prūdentiōrem**	**prūdentius**
Abl.		**prūdentiōre**	
PLURAL	M.	F.	N.
Nom.	**prūdentiōrēs**	**prūdentiōrēs**	**prūdentiōra**
Gen.		**prūdentiōrum**	
Dat.		**prūdentiōribus**	
Akk.	**prūdentiōrēs**	**prūdentiōrēs**	**prūdentiōra**
Abl.		**prūdentiōribus**	

Zur Bildung des lateinischen Superlativs wird bei den meisten Adjektiven an den Wortstamm die Endung **-issimus, -a, -um** angehängt, bei einigen Adjektiven auf **-lis** die Endung **-limus, -a, -um**, bei Adjektiven auf **-er** die Endung **-rimus, -a, -um** an den **Nom.Sg.Mask**. Die Superlativformen werden wie Adjektive der a-/o- Deklination auf **-us** dekliniert.

Formenlehre

POSITIV	SUPERLATIV
longus, -a, -um *lang*	**long-issimus, -a, -um** *der längste*
facilis, -e *leicht*	**facil-limus, -a, -um** *der leichteste*
pulcher, -a, -um *schön*	**pulcher-rimus, -a, -um** *der schönste*

Die Bildung der Komparativ- und Superlativformen bei Adverbien

Als Komparativ aller Adverbien dient der **Akk.Sg.Neutr. des Komparativs des Adjektivs**, wie z.B. **facilius** *leichter*, **altius** *höher*, **prūdentius** *klüger*.

Die Superlativformen werden regelmäßig gebildet wie die Adverbien zu den Adjektiven der a-/o-Deklination durch das Anhängen der Endung **-ē** an den Wortstamm, wie z.B. **facillimē** *am leichtesten*, **altissimē** *am höchsten*, **prūdentissimē** *am klügsten*.

Gelegentlich werden im Lateinischen sowohl Komparativ als auch Superlativ der Adjektive und Adverbien nicht in Zusammenhang mit einem Vergleich gebraucht. Komparativ und Superlativ drücken dann – wie Adjektive oder Adverbien – eine Eigenschaft aus. Die deutsche **Übersetzung des Komparativs** erfolgt in diesem Fall mit *zu, ziemlich*, die des **Superlativs** mit *sehr, außerordentlich*. Wird der Superlativ zur Bezeichnung einer Eigenschaft verwendet, spricht man vom **Elativ** (**efferre** *herausheben*).

Cunīculus minor est.	Das Kaninchen ist ziemlich klein.
Fēlis māior est.	Die Katze ist ziemlich groß.
Leō est fortissimus et prūdentissimus.	Der Löwe ist außerordentlich tapfer und klug.

Die Steigerungsformen einiger Adjektive werden unregelmäßig gebildet. Diese folgen keiner Regel und müssen daher als Ausnahmen gelernt werden.

Komparation: Adjektiv/Adverb

Adjektive, bei denen die Steigerungsformen mit einem anderen Stamm gebildet werden:

bonus, -a, -um *gut*	melior, -ius *besser*	optimus, -a, -um *am besten*
malus, -a, -um *schlecht*	peior, peius *schlechter*	pessimus, -a, -um *am schlechtesten*
magnus, -a, -um *groß*	maior, -ius *größer*	māximus, -a, -um *am größten*
parvus, -a, -um *klein*	minor, -us *kleiner*	minimus, -a, -um *am kleinsten*
multum *viel*	plūs *mehr*	plūrimum *am meisten*
multī *viele*	plūrēs, -a *mehr*	plūrimī *die meisten*

Adjektive, bei denen die Steigerungsformen durch Umschreibung mit magis *mehr* und māximē *am meisten* (vor allem bei Adjektiven auf -eus und -ius) gebildet werden:

idōneus, -a, -um *geeignet*	magis idōneus *geeigneter*	māximē idōneus *am geeignetsten*
necessārius *notwendig*	magis necessārius *notwendiger*	māximē necessārius *am notwendigsten*

Präpositionen, die adjektivische Komparationsformen bilden können:

intrā *innerhalb*	interior *der innere*	intimus *der innerste*
extrā *außerhalb*	exterior *der äußere*	extrēmus *der äußerste*
īnfrā *unterhalb*	inferior *der untere*	infimus/īmus *der unterste*
suprā *oberhalb*	superior *der obere*	suprēmus und summus *der höchste*
prāe *vor*	prior *der vordere*	prīmus *der erste*
post *hinter*	posterior *der spätere*	postrēmus/postumus *der letzte*
dē *von ... herab*	dēterior *der schlechteste*	dēterrimus *der schlechteste*
prope *nahe bei*	propior *der nähere*	proximus *der nächste, letzte*

Formenlehre

8 Pronomen

Man unterscheidet, je nach Bedeutung, zwischen folgenden Arten von Pronomen:

Personalpronomen (persönliche Fürwörter)	**egō** *ich*, **tū** *du*, **nōs** *wir*, **vōs** *ihr* usw.
Reflexivpronomen (rückbezügliche Fürwörter)	**sē** *sich*, **suī** *seiner* usw.
Possessivpronomen (besitzanzeigende Fürwörter)	**meus** *mein*, **tuus** *dein*, **suus** *sein* usw.
Demonstrativpronomen (hinweisende Fürwörter)	**hic/is** *dieser*, **iste** *dieser da*, **ille** *jener*, **idem** *derselbe*, **ipse** *er selbst*
Relativpronomen (bezügliche Fürwörter)	**quī** *der, welcher* usw.
Interrogativpronomen (fragende Fürwörter)	**quis?** *wer* **quid?** *was* usw.
Indefinitpronomen (unbestimmte Fürwörter)	**aliquis** *irgendeiner*, **quīdam** *ein gewisser* usw.
Korrelativpronomen (Fürwörter der Wechselbeziehung)	**tālis** *so, solch*, **tantus** *so groß* usw.

Wie ihre Bezeichnung angibt, können Pronomina (**prō nōmine** *anstelle eines Nomens*) ein Nomen ersetzen, indem sie ein **Substantiv** aus dem vorausgegangenen Satz (oder eines, das durch den Kontext schon bekannt ist) repräsentieren. Pronomina werden jedoch nicht ausschließlich **wie Substantive** behandelt, sie können auch **adjektivisch** gebraucht werden.

Wird ein Pronomen **substantivisch** eingesetzt, müssen Pronomen und Bezugswort in Genus und Numerus übereinstimmen, damit der Leser ihre Zusammengehörigkeit erkennt. (Bei **adjektivischer** Verwendung steht das Pronomen – wie andere Attribute auch – mit dem dazugehörigen Substantiv in **KNG-Kongruenz**.)

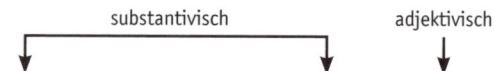

Fēlis nigra cunīculum album fugat. **Haec** semper illud animal terret.
Die schwarze Katze schlägt das weiße Kaninchen in die Flucht. Diese erschreckt ständig jenes Tier.

Pronomen

Das Demonstrativpronomen **haec** *diese* ersetzt im obigen Satz das Substantiv **fēlis** *Katze* (und alle Erweiterungen, z.B. **nigra** *schwarz*). Um ihre Zusammengehörigkeit zu verdeutlichen, stehen die beiden Wörter in **NG-Kongruenz**. Ihr Kasus hingegen muss nicht notwendigerweise übereinstimmen.
(▶ Mehr zu Demonstrativpronomen siehe unten.)

Fēlis nigra cunīculum album fugat. Hoc animal ab illā semper terrētur.
Die schwarze Katze schlägt das weiße Kaninchen in die Flucht. Dieses Tier wird immer von jener erschreckt.

Wird das Pronomen im Neutrum gebraucht, kann es sich gelegentlich auch auf den gesamten Sachverhalt des vorausgehenden Satzes beziehen.

Fēlis nigra cunīculum album fugat. Hoc initium fābulae tristis est.
Die schwarze Katze schlägt das weiße Kaninchen in die Flucht. Dies ist der Beginn einer traurigen Geschichte.

 Die Deklination der Pronomen richtet sich in vielen Punkten nach dem Muster der **o-/a- Deklination**, es gibt jedoch auch einige **Abweichungen**. Als Gemeinsamkeit vieler Pronomen gilt, dass sie im Gen.Sg. in allen Genera auf **-īus** und im Dat.Sg. auf **-ī** enden.

Personalpronomen

Das Personalpronomen unterscheidet sich von den übrigen Pronomen dadurch, dass es keine Formen für die verschiedenen Genera bildet, sondern **„eingeschlechtig"** ist. Es bezeichnet die 1. oder 2. Person im Singular (**egō** und **tū**) und im Plural (**nōs** und **vōs**). Das Personalpronomen kann flektiert werden. Die Genitive leiten sich vom Possessivpronomen ab.

SINGULAR	1. PERSON		2. PERSON	
Nom.	**egō**	ich	**tū**	du
Gen.	**meī**	meiner	**tuī**	deiner
Dat.	**mihī**	mir	**tibī**	dir
Akk.	**mē**	mich	**tē**	dich
Abl.	**ā mē (mēcum)**	von mir (mit mir)	**ā tē (tēcum)**	von dir (mit dir)

Formenlehre

PLURAL	1. PERSON		2. PERSON	
Nom.	nōs	wir	vōs	ihr
Gen.	nostrī/nostrum	unser	vestrī/vestrum	euer
Dat.	nōbīs	uns	vōbīs	euch
Akk.	nōs	uns	vōs	euch
Abl.	ā nōbīs (nōbīscum)	von uns (mit uns)	ā vōbīs (vōbīscum)	von euch (mit euch)

Bei den Genitiven von **nōs** und **vōs** unterscheidet man:

Genitīvus obiectīvus (Objektgenitiv): **fidēs vestrī** Glaube **an** uns
  fidēs nostrī Vertrauen **zu** euch

Genitīvus partitīvus (Teilungsgenitiv): **ūnus vestrum** einer **von** euch
  duo nostrum zwei **von** uns

Auch für die 3. Person (*er, sie, es* bzw. *sie (Pl.)*) gibt es im Lateinischen ein Personalpronomen. Hier unterscheidet man, anders als bei Personalpronomen für die 1. und 2. Person, zwischen den **reflexiven** (= rückbezüglichen) Formen von **sē** *sich* und **nicht reflexiven** (= nicht rückbezüglichen) Formen von **is, ea, id** *dieser, diese, dieses*.

SINGULAR/PLURAL	3. PERSON REFLEXIVE FORM	
Nom.	–	–
Gen.	suī	seiner/ihrer
Dat.	sibī	sich
Akk.	sē	sich
Abl.	ā sē (sēcum)	von sich (mit sich)

Die **reflexiven** Formen kommen nur dann zum Einsatz, wenn sich das Personalpronomen auf das handelnde Subjekt rückbezieht.

Marcus eum laudat. **Marcus sē laudat.**
Markus lobt ihn. *Markus lobt sich.*

Im ersten Satz ist nicht Markus selbst gemeint, sondern eine andere Person (nicht reflexiv), während im zweiten Satz Markus selbst gemeint ist (reflexiv). Als nicht reflexives Pronomen werden ersatzweise die Formen von **is, ea, id** *dieser, diese, dieses* gebraucht. Wie diese dekliniert werden, erfährst du im Abschnitt **Demonstrativpronomen**.

Pronomen

 Im Gegensatz zum Deutschen ist der Gebrauch des Personalpronomens im Lateinischen nicht obligatorisch; der Lateiner verwendet das Personalpronomen nur dann, wenn er die Person besonders hervorheben will. Ansonsten ist die Person allein im Prädikat (in der Endung) enthalten. Gelegentlich wird das Personalpronomen durch das Anhängen von **-met** (**egomet** *ich*), durch das Anhängen von **-te** (**tūte** *du*, **tēte** *dich*) oder durch Verdoppelung (**sēsē** *sich*) noch zusätzlich besonders betont.

Egō linguam Latīnam valdē utilem exīstimō.
Ich (jedenfalls) halte das Lateinische für eine sehr nützliche Sprache./ Ich (jedenfalls) halte die lateinische Sprache für sehr nützlich.

Possessivpronomen (besitzanzeigendes Fürwort)

Die Possessivpronomen (**possidēre** *besitzen*) bezeichnen den „Besitzer". Sie werden wie Adjektive gebraucht (gelegentlich **substantiviert**) und stehen demnach in **KNG-Kongruenz** zu ihrem Bezugswort. Ihre Flexion richtet sich nach den Adjektiven der o-/a- Deklination.

SINGULAR			PLURAL		
1. Pers.	**meus, -a, -um**	*mein*	**noster, -tra, -trum**		*unser*
2. Pers.	**tuus, -a, -um**	*dein*	**vester, -tra, -trum**		*euer*
3. Pers.	**suus, -a, -um** (reflexiv)	*sein, ihr*	**suus, -a, -um** (reflexiv)		*ihr*
	eius (nicht-reflexiv)	*sein, ihr*	**eōrum bzw. eārum** (nicht-reflexiv)		*ihr*

Ähnlich wie beim Personalpronomen werden die Formen der 3. Person von **suus** nur reflexiv gebraucht und bei nicht reflexiver Verwendung durch die Genitivformen von **is, ea, id** ersetzt. Unterscheide:

Rūfus avum eius (Gāī) vīsitat.   **Rūfus avum suum vīsitat.**
Rufus besucht seinen (Gaius´) Großvater.   *Rufus besucht seinen (eigenen) Großvater.*

 Der Vokativ Singular Maskulinum von **meus** lautet **mī**: **Mī pater!** *Mein Vater!* aber **Mea puella!** *Mein Mädchen!*

Formenlehre

Präge dir außerdem folgende Wendungen ein:

meā, tuā, suā sponte	*aus eigenem Antrieb*
meā, tuā, suā sententiā	*nach meiner (usw.) Ansicht*
meō, tuō, suō iūre	*mit vollem Recht*
suō tempore	*zur rechten Zeit*

 Anders als im Deutschen wird auch das Possessivpronomen im Lateinischen nur explizit genannt, wenn der Zusammenhang die Hervorhebung des Besitzers unbedingt verlangt.

amīcus filium servāvit	**amīcus filium meum servāvit**
mein Freund rettete/hat seinen Sohn gerettet	*mein Freund rettete/hat meinen Sohn gerettet*

Pronomen

Demonstrativpronomen (hinweisendes Fürwort)

Demonstrativpronomen (**dēmōnstrāre** *zeigen*) sind Wörter, mit denen der Sprecher auf einen Gesprächsgegenstand (Personen oder Sachen) im Raum verweist. Im Deutschen und im Lateinischen gibt es verschiedene Demonstrativpronomen, die sich in ihrer Bedeutung teilweise nur durch Nuancen unterscheiden, vom Sprecher jedoch ganz bewusst gewählt werden.

PRONOMEN	VERWENDUNGSBEREICH	BEISPIEL
hic, haec, hoc *dieser, diese, dieses (hier)*	weist auf Dinge oder Personen hin, die dem Sprecher meist räumlich oder zeitlich nahe sind	Hic **liber Cornēliae est.** *Dieses Buch (hier) gehört Cornelia.*
ille, illa, illud *jener, jene, jenes*	die angesprochenen Dinge oder Personen sind meist räumlich oder zeitlich weiter vom Sprecher entfernt oder den Zuhörern allgemein bekannt	Ille **liber Claudiō est.** *Jenes Buch gehört Claudius.* Illa **sententia Sōcratis nobis nota est.** *Jener Ausspruch von Socrates ist uns bekannt.*
iste, ista, istud *dieser, diese, dieses (da)*	bezeichnet Dinge oder Personen, die dem Sprecher räumlich nahe sind; häufig mit verächtlichem Unterton	iste **vir** *dieser (schlechte) Mann da* istae **litterae** *dein Brief da*
is, ea, id *diese, dieser, dieses*	1. verweist auf bereits Genanntes oder Folgendes 2. ersetzt das nicht reflexive Personalpronomen der 3. Person und 3. im Genitiv das nicht reflexive Possessivpronomen 4. weist auf einen folgenden Relativsatz hin	1. is **vir** *dieser Mann* ea **fāma** *diese Kunde* 2. Eōs **invitāvī.** *Ich habe sie eingeladen.* 3. **cuniculus** eius *sein Kaninchen* (eigentl.: *dessen Kaninchen*) 4. is **amīcus, quī** *derjenige Freund, welcher*
ipse, ipsa, ipsum *selbst*	dient zur besonderen Betonung oder Abgrenzung, kann aber auch andere Bedeutungsnuancen haben; steht meist in Kongruenz mit dem Subjekt und muss oft frei übersetzt werden	Ipse **hoc dīxit.** *Er selbst/persönlich hat das gesagt.* ipsam **virtūtem contemnere** *sogar die Tugend verachten* **trīgintā diēs** ipsī *genau 30 Tage*
īdem, eadem, idem *derselbe, dieselbe, dasselbe*	weist auf eine schon genannte Person oder Sache zurück	Idem **faciō, quod tū.** *Ich mache dasselbe, was du gemacht hast.*

Formenlehre

Das Demonstrativpronomen **hic**, **haec**, **hoc** *dieser, diese, dieses* bildet folgende Formen:

	SINGULAR			PLURAL		
	M.	F.	N.	M.	F.	N.
Nom.	hic	haec	hoc	hī	hae	haec
Gen.	huius	huius	huius	hōrum	hārum	hōrum
Dat.	huic	huic	huic	hīs	hīs	hīs
Akk.	hunc	hanc	hoc	hōs	hās	haec
Abl.	hōc	hāc	hōc	hīs	hīs	hīs

Das Demonstrativpronomen **ille**, **illa**, **illud** *jener, jene, jenes* hat folgende Formen:

	SINGULAR			PLURAL		
	M.	F.	N.	M.	F.	N.
Nom.	ille	illa	illud	illī	illae	illa
Gen.	illīus	illīus	illīus	illōrum	illārum	illōrum
Dat.	illī	illī	illī	illīs	illīs	illīs
Akk.	illum	illam	illud	illōs	illās	illa
Abl.	illō	illā	illō	illīs	illīs	illīs

Die Demonstrativpronomen **iste**, **ista**, **istud** *dieser, diese, dieses (da)* und **ipse**, **ipsa**, **ipsum** *er, sie, es selbst* bilden ihre Formen nach diesem Schema.

 Im Unterschied zu allen anderen Demonstrativpronomen bildet **ipse** im Nom. und Akk. Sg.Neutr. seine Formen nicht auf **-ud**, sondern auf **-um**.

Is, **ea**, **id** *dieser, diese, dieses* bildet die folgenden Formen:

	SINGULAR			PLURAL		
	M.	F.	N.	M.	F.	N.
Nom.	is	ea	id	iī/eī	eae	ea
Gen.	eius	eius	eius	eōrum	eārum	eōrum
Dat.	eī	eī	eī	eīs/iīs	eīs/iīs	eīs/iīs
Akk.	eum	eam	id	eōs	eās	ea
Abl.	eō	eā	eō	eīs/iīs	eīs/iīs	eīs/iīs

Pronomen

 Das Personalpronomen **idem, eadem, idem** *derselbe, dieselbe, dasselbe* ist aus den Formen von **is, ea, id** entstanden und wird entsprechend dekliniert. Der Gen.Sg. lautet **eiusdem**, der Dat.Sg. **eidem** usw. Allerdings bildet **idem, eadem, idem** auch abweichende Formen, die du dir einprägen solltest: Im Akk.Sg.Mask. und Fem. wird aus dem **-m-** ein **-n-** und die Formen heißen **eundem** und **eandem**. Dasselbe passiert im Gen.Pl. aller Genera, der **eōrundem, eārundem, eōrundem** lautet.

Relativpronomen

Relativpronomen (bezügliche Fürwörter) leiten einen Gliedsatz ein. Sie greifen ein Substantiv (seltener ein Pronomen) auf, das bereits (in einem Haupt- oder Nebensatz) genannt wurde, und bestimmen dieses näher. Somit erfüllen sie die Funktion eines **Attributs**.

Das Relativpronomen passt sich wie im Deutschen in **Numerus und Genus** an sein Bezugswort an, wobei der **Kasus** je nach Aussage des Gliedsatzes variieren kann.

Fēlis, quae semper cunīculum parvum terret, nigra est.
Die Katze, die immer das kleine Kaninchen erschreckt, ist schwarz.

Fēlis cunīculum nigrum terret, quōcum cunīculus albus semper lūdit.
Die Katze erschreckt das schwarze Kaninchen, mit dem das weiße Kaninchen immer spielt.

Wird das Relativpronomen im Neutrum gebraucht, kann es sich auf den Inhalt des gesamten Hauptsatzes beziehen.

Cunīculus sēcrētō mactātus est, quod sine dubiō pūniendum est.
Das Kaninchen wurde heimlich geschlachtet, was zweifelsohne bestraft werden sollte.

Das lateinische Relativpronomen **quī, quae, quod** *der, die, das (welcher, welche, welches)* wird folgendermaßen dekliniert:

SINGULAR	M.		F.		N.	
Nom.	**quī**	der	**quae**	die	**quod**	das
Gen.	**cuius**	dessen	**cuius**	deren	**cuius**	dessen
Dat.	**cui**	dem	**cui**	der	**cui**	dem
Akk.	**quem**	den	**quam**	die	**quod**	das
Abl.	**quō**	mit dem	**quā**	mit der	**quō**	mit dem

Formenlehre

PLURAL	M.		F.		N.	
Nom.	quī	die	quae	die	quae	die
Gen.	quōrum	deren	quārum	deren	quōrum	deren
Dat.	quibus	denen	quibus	denen	quibus	denen
Akk.	quōs	die	quās	die	quae	die
Abl.	quibus	mit denen	quibus	mit denen	quibus	mit denen

Relativsätze können auch durch das verallgemeinernde Relativum **quīcumque, quaecumque, quodcumque** *we(lche)r auch immer* eingeleitet werden. Es bildet seine Formen durch das Suffix **-cumque**, welches an das deklinierte Relativum **quī, quae, quod** angehängt wird. Es wird im Singular adjektivisch, im Plural auch substantivisch gebraucht.

Substantivisch gebraucht wird **quisquis, quidquid** *wer (was) nur immer/jeder, der*. Dieses Pronomen bildet nur drei Formen: **quisquis** (Nom. Sg. Mask.) und **quidquid** (Nom. Sg. Neutr. bzw. Akk. Sg. Neutr.).

Eine Besonderheit des Lateinischen ist der **relative Satzanschluss**. So werden Sätze genannt, in denen sich das Relativpronomen zwar auf ein vorausgegangenes Nomen bezieht, aber keinen Gliedsatz, sondern einen **Hauptsatz** einleitet. Es wird dann mit einem **Demonstrativ- oder Personalpronomen** übersetzt.

Fēlis nigra cunīculum cēpit; quem irrītāre voluit.
Die schwarze Katze fing das Kaninchen; dieses wollte sie ärgern.

Folgende Wendungen leiten häufig einen relativen Satzanschluss ein:

quō factō	hierauf	quārē	deshalb
quod sī	wenn aber	quibus rēbus gestīs	danach
quā de causā	deswegen, daher	quō	dadurch
quam ob rem	deswegen, daher		

Lerne diese Satzanschlüsse am besten wie Vokabeln auswendig.

 Im Deutschen wird die Stellung des Relativsatzes innerhalb des Satzgefüges meist durch die Position des Bezugswortes bestimmt. Nur dann, wenn das Bezugswort nicht ein einzelnes Nomen, sondern eine Nomengruppe ist (z.B. *die Kaninchen aus dem Schlosspark, die* usw.) steht er getrennt von dem Substantiv, das er näher erklärt. Im

Lateinischen verhält es sich manchmal anders. Der Relativsatz kann auch entfernt von seinem Bezugswort stehen. Achte daher besonders auf **die KN-Kongruenz** und prüfe immer, welche Nomina als Bezugswörter in Frage kommen!

▶ Mehr zu Relativsätzen, zu ihren Sinnrichtungen und Modi, erfährst du im Kapitel **Satzarten – Relativsätze**.

Interrogativpronomen

Interrogativpronomen (**interrogāre** *fragen*) leiten Fragesätze ein. Hinsichtlich ihrer Formenbildung haben sie einiges mit den Relativa gemeinsam.

Die substantivisch gebrauchten **quis, quid** *wer, was?* werden bis auf die Formen **quis** und **quid** wie das Relativum dekliniert:

PLURAL	M./F.		N.	
Nom.	*quis?*	wer?	*quid?*	was?
Gen.	*cuius?*	wessen?	*cuius?*	wessen?
Dat.	*cui?*	wem?	*cui?*	wem?
Akk.	*quem?*	wen?	*quid?*	was?
Abl.	*quō?*	mit wem?	*quō?*	womit?

Als adjektivisches Fragepronomen dienen die Formen des Relativpronomens **quī, quae, quod** *welcher, welche, welches?*

Substantivisch und adjektivisch gebraucht wird **uter, utra, utrum** (**utrīus, utrī** usw.) *wer von beiden?* dann, wenn es um eine von zwei Möglichkeiten geht.

Uter cunīculus sēcrētō mactātus est?
Welches Kaninchen wurde heimlich geschlachtet? (Es gibt nur zwei, ein schwarzes und ein weißes.)

▶ Mehr über Fragesätze erfährst du im Kapitel **Satzarten**.

Formenlehre

Indefinitpronomen

Indefinitpronomen (unbestimmte Fürwörter) werden gebraucht, wenn eine Sache oder Person nicht genau bestimmt werden kann oder soll. Viele von ihnen sind aus dem **Fragepronomen/ Relativpronomen** und einem **Suffix** gebildet. Dekliniert wird jeweils nur der Fragewort-/ Relativum-Bestandteil.

 Die lateinischen Formen sind verschieden, je nachdem ob das Pronomen **substantivisch** oder **adjektivisch** gebraucht wird. In der Regel werden die erstgenannten mit dem **Interrogativpronomen**, die letzteren mit dem **Relativum** gebildet.

Das Indefinitpronomen **aliquis, aliquid** *(irgend)jemand, (irgend)etwas* wird **substantivisch** gebraucht. Im Neutrum werden einige Formen durch **rēs** *Gegenstand, Sache* ergänzt.

	M./F.	N.
Nom.	aliquis	aliquid
Gen.	alicuius	alicuius reī
Dat.	alicui	alicui reī
Akk.	aliquem	aliquid
Abl.	aliquō	aliquā rē

In der adjektivischen Verwendung wird an **ali-** das Relativpronomen **qui** angehängt. Eine Ausnahme stellt die Form **aliqua** im Nom.Sg.Fem. und Nom./Akk.Pl.Neutr. dar.

 Nach manchen Wörtern entfällt **ali-** am Anfang des Pronomens. Mit Hilfe des folgenden Merksatzes kannst du dir dies einprägen:

> Nach **sī, nisī, nē** und **num, quō, quantō, cum** fällt der **ali-** um.

Sī quis venit, portam nōn aperiō.
Wenn irgendjemand kommt, öffne ich die Türe nicht.

In Sätzen, die eine Verneinung enthalten, werden auch **quisquam, quicquam** (**cuiusquam, cuiquam** usw.) und **ūllus, -a, -um** in derselben Bedeutung verwendet.

Cunīculus sine cuiusquam misericordiā mactātus est.
Das Kaninchen wurde ohne irgendjemands Mitleid geschlachtet.

Pronomen

Selten kommt statt **aliquis quispiam, quidpiam** (substantivisch) bzw. **quispiam, quaepiam, quodpiam** (adjektivisch) *irgendeiner, irgendetwas* vor.

Es gibt im Lateinischen außerdem folgende Indefinitpronomen:

substantivisch	adjektivisch	Bedeutung	Beispiele
quidam, quaedam, quiddam*	quidam, quaedam, quoddam*	ein gewisser, eine gewisse, ein gewisses	Quidam senātōrum ōrātiōnem habuit. *Einer der Senatoren hielt eine Rede.* Philosophus quidam hoc dīxit. *Ein gewisser Philosoph hat das gesagt.*
quisque, quidque	quisque, quaeque, quodque	jeder, jede, jedes einzelne	Quisque vestrum Rōmānus est. *Jeder einzelne von euch ist Römer.* Cuique puerō dōnum dō. *Ich gebe jedem (einzelnen) Jungen ein Geschenk.*
quīvīs, quaevīs, quidvīs	quīvīs, quaevīs, quodvīs	jeder, jede, jedes beliebige	Quīvīs nostrum cantāre potest. *Jeder (beliebige) von uns kann singen.* Marcus quodvīs animal capit. *Marcus fängt jedes (beliebige) Tier.*
quīlibet, quaelibet, quidlibet	quīlibet, quaelibet, quodlibet	jeder, jede, jedes beliebige	Quaelibet illārum uxor est. *Jede (beliebige) von jenen ist eine Ehefrau.* Quamlibet fēminam adiuvāmus. *Wir helfen jeder (beliebigen) Frau.*

* Beachte: Im Akk.Sg.Mask./Fem. wird **-m-** zu **-n-**: **quen**dam, **quan**dam. Ebenso im Gen.Pl. aller Genera: **quōrun**dam, **quārun**dam, **quōrun**dam.

Das Pronomen **nēmō** *niemand, keiner* hat im Femininum und Maskulinum dieselben Formen. Für das Neutrum wird jedoch **nihil** *nichts* verwendet. Beide werden nur **substantivisch** und nur im **Singular** gebraucht. In einigen Kasus werden fehlende Formen durch **nūllus, -a, -um** *kein* bzw. **nūlla rēs** ersetzt.

Nom.	nēmō	nihil (nīl)
Gen.	nūllīus	nūllīus reī
Dat.	nēminī	nūllī reī
Akk.	nēminem	nihil (nīl)
Abl.	ā nūllō	nūllā rē

Formenlehre

Cuniculus ā nūllō servātus est. Quid fēcistī? Nihil.
Das Kaninchen wurde von keinem gerettet. Was hast du getan? Nichts.

Pronominaladjektive

Die folgenden Adjektive werden **Pronominaladjektive** genannt, weil sie durch ihre Kasusendungen im Genitiv Singular (**-īus**) und Dativ Singular (**-ī**) und durch ihre Bedeutung zeigen, dass sie den Pronomen nahe stehen.

Zu den Pronominaladjektiven zählen:

ūnus, -a, -um	einer, ein einziger
sōlus, -a, -um	allein
tōtus, -a, -um	ganz
ūllus, -a, -um	(irgend)einer
nūllus, -a, -um	keiner
uter, -tra, -trum	wer (von beiden)
neuter, -tra, -trum	keiner (von beiden)
alter, -era, -erum	der eine/andere (von beiden)
alius, -a, -ud (Gen. **alterīus**!)	ein anderer
aliī ... aliī	die einen ... die anderen

 Alius, -a, -ud bildet im Nom./Akk.Sg.Neutr. und im Gen.Sg. (**alterīus**) aller Genera besondere Formen.

Mit Hilfe des folgenden Merksatzes kannst du dir die Pronominaladjektive mit den besonderen Genitiv- und Dativ- Endungen gut einprägen:

> **ūnus, sōlus, tōtus, ūllus,
> uter, alter, neuter, nūllus,
> alius** – erfordern alle
> **-īus** in dem zweiten Falle.
> Und im Dativ enden sie
> stets mit einem langen **-ī**

Pronomen

Die übrigen Formen bilden sie nach der o-/a- Deklination wie das Beispiel **nūllus, -a, -um**:

	SINGULAR			PLURAL		
	M.	F.	N.	M.	F.	N.
Nom.	nūllus	nūlla	nūllum	nūllī	nūllae	nūlla
Gen.	nūllīus	nūllīus	nūllīus	nūllōrum	nūllārum	nūllōrum
Dat.	nūllī	nūllī	nūllī	nūllīs	nūllīs	nūllīs
Akk.	nūllum	nūllam	nūllum	nūllōs	nūllās	nūlla
Abl.	nūllō	nūllā	nūllō	nūllīs	nūllīs	nūllīs

Hinweise zum Gebrauch der Pronominaladjektive:

- Bei männlichen Personenbezeichnungen steht in adjektivischer Verwendung **nēmō** statt **nūllus**, z.B. **nēmō cīvis** *kein Bürger*
- **alter** und **aliī** treten oft in doppelter Verwendung mit besonderer Bedeutung auf:

alter – alter	**aliī – aliī**
der eine – der andere	*die einen – die anderen*

- Zwischen den folgenden Vokabeln gibt es kleine Bedeutungsunterschiede:

aliī	*andere*
cēterī	*die anderen* im Sinne von *die übrigen* (als Gegensatz)
reliquī	*die übrigen* (der Rest)

Formenlehre

Pronominaladverbien

Folgende Pronominaladverbien kommen im Lateinischen vor:

INTERROGATIV	RELATIV	DEMONSTRATIV	INDEFINIT
ubī? wo?	ubī wo	ibi da	alicubī irgendwo
	ubicumque wo auch immer	hīc hier	usquam irgendwo
		istīc dort	ubīque überall
		illīc dort	alibī anderswo
		ibidem ebenda	
unde? woher?	unde woher	inde von da	alicunde irgendwoher
	undecumque woher auch immer	hinc von hier	undique von allen Seiten
		istinc von dort	aliunde anderswoher
		illinc von dort	
quō? wohin?	quō wohin	eō dahin	aliquō irgendwohin
	quōcum-que wohin auch immer	hūc hierhin	aliō anderswohin
		istūc dorthin	
		illūc dorthin	
		eō-dem ebendahin	
quā? auf welchem Weg?	quā wo, wie	eā/hāc auf diesem Weg	aliquā auf irgendeinem Weg, irgendwo
	quācumque wo, wie auch immer	istāc/illāc auf jenem Weg	
quando? wann?	cum wann, als	tum damals	aliquan-dō einst
	quandō-cumque wann auch immer	tunc dann	umquam je(mals)
		ōlim einst	num-quam niemals
			aliās ein andermal
quōmodo? wie?	ut/sīcut/quōmodo/ quemad-modum wie	ita/sīc so	utique in jeder Weise, durchaus
		item ebenso	
quam? wie?	quam wie (sehr)	tam so sehr	

Pronomen

Korrelativpronomen

Auch die **Korrelativpronomen** (Fürwörter der Wechselbeziehung) werden zu den Pronomen gerechnet. Sie geben Auskunft über Quantität (Menge) oder Qualität (Beschaffenheit) und werden beim Vergleich zweier Personen, Gruppen oder Dingen eingesetzt. Sie können nicht alleine stehen, sondern nur in **Wechselbeziehung** (Korrelation) **mit einem anderen Korrelativum.**

Tantus timor cuniculum invāsit, quantus numquam ante.
Eine solche Furcht befiel das Kaninchen wie niemals zuvor.

Die wichtigsten Korrelativpronomen sind:

tālis, -e	*so (beschaffen), solch*	**quālis, -e**	*wie (beschaffen)*
tantus, -a, -um	*so groß*	**quantus, -a, -um**	*wie (groß)*
tot	*so viele*	**quot**	*wie (viele)*
tantum	*so viel*	**quantum**	*wie (viel)*

Flektiert werden **tālis** und **quālis** nach der dritten Deklination, **tantus** und **quantus** nach der a-/o- Deklination. Nicht flektierbar sind **tot** und **quot**.

Darüber hinaus gibt es auch **korrelative Adverbien**:

quō	*wohin*	**eō**	*dorthin*
quō/quantō	*je*	**eō/tantō**	*umso, desto*
quotiēns	*wie oft*	**totiēns**	*so oft*

Formenlehre

9 Präpositionen

Präpositionen (**praepōsitus** *vorangestellt*) gehören zu den Partikeln und sind nicht flektierbar. Sie können entweder als Präfixe mit Verben zusammengesetzt (**ab-īre** *weggehen* von **īre** *gehen*, **circum-stāre** *herumstehen* von **stāre** *stehen*) oder mit einem Nomen verbunden werden.

Auch wenn sie bei der Komposition von Verben eine wichtige Rolle spielen, geht es in diesem Kapitel um Präpositionen, die mit einem Substantiv verbunden werden. Präpositionen stehen vor ihrem Bezugswort.

post merīdiem	*nach der Mittagszeit (am Nachmittag)*
extrā mūrōs	*außerhalb der (Stadt)mauern*
sub monte	*(unterhalb des Berges) am Fuß des Berges*

 Im Deutschen verlangen die Präpositionen einen bestimmten **Kasus**, z.B. *während* + Genitiv wie in *während der Ferien*. Dies ist auch im Lateinischen der Fall. Allerdings können die erforderlichen Kasus in beiden Sprachen verschieden sein. Daher musst du dir einprägen, mit welchem lateinischen Fall die jeweilige Präposition gebraucht wird, um zu erkennen, welches Nomen zu der Präposition gehört. Die meisten Präpositionen ziehen den **Akkusativ** oder **Ablativ** nach sich. Manche lassen in unterschiedlichen Bedeutungen jedoch auch beide Kasus zu.

Präpositionen mit dem Akkusativ

ad *zu, an, bei* (örtlich, zeitlich und übertragen)	
ad mūrōs proficīscī	*zu den Stadtmauern aufbrechen*
ad id tempus	*bis zu dieser Zeit*
ad haec dīxit	*daraufhin antwortete er*
adversus *gegenüber, gegen* (feindlich oder freundlich)	
adversus hostēs	*gegen die Feinde*
adversus amīcōs	*gegenüber den Freunden*
adversus rem pūblicam facere	*gegen den Staat handeln*
ante *vor* (örtlich und zeitlich)	
ante portās	*vor den Toren*
ante multōs diēs	*vor vielen Tagen*

Präpositionen

apud *bei* (meist bei Personen)
apud Marcum esse	bei Markus sein/in Markus` Haus sein
apud maiōrēs	bei unseren Vorfahren

circā, circum *um (herum)* (örtlich und zeitlich)
circum Rōmam	um Rom herum/bei Rom
circā merīdiem	um die Mittagszeit

contrā *gegenüber* (örtlich oder feindliche Gesinnung)
contrā Galliam	Gallien gegenüber
contrā lēgem	gegen das Gesetz/gesetzeswidrig
contrā Germānōs	gegen die Germanen

ergā *gegen* (freundlich)
amīcitia ergā cunīculum	Freundschaft gegenüber dem Kaninchen

extrā *außerhalb* (örtlich und übertragen)
extrāōrdinem	außerhalb der Ordnung
extrā mūrōs	außerhalb der Stadtmauern

īnfrā *unterhalb* (örtlich, zeitlich und übertragen)
īnfrā pontem	unterhalb der Brücke
īnfrā cōnsulem esse	unter dem Konsul sein (dem Rang nach)

inter *zwischen, unter* (örtlich, zeitlich und übertragen)
inter montem et flūmen	zwischen Berg und Fluss
inter decem annōs	während zehn Jahren
inter cunīculōs	unter Kaninchen

intrā *innerhalb* (örtlich und zeitlich)
intrā mūrōs	innerhalb der Stadtmauern
intrā paucās hōrās	innerhalb weniger Stunden

iuxtā *dicht bei, neben*
iuxtā urbem	nahe bei der Stadt

ob *entgegen; wegen* (örtlich oder übertragen)
ob oculōs versārī	vor Augen schweben
ob eam causam	(wegen dieser Sache) deswegen

per *durch, hindurch* (örtlich, zeitlich und übertragen)
per prōvinciam īre	durch die Provinz gehen
per vim	(durch Gewalt) gewaltsam
per decem annōs	zehn Jahre hindurch/lang
per sē	an und für sich, von sich aus

Formenlehre

post *hinter, nach* (örtlich und zeitlich)	
post mē	*hinter/nach mir*
post multōs annōs	*nach vielen Jahren/viele Jahre später*
praeter *vorbei – an, über – hinaus* (örtlich und übertragen)	
praeter castra	*am Lager vorbei*
omnēs amīcī praeter ūnum	*alle Freunde außer einem*
prope *nahe bei* (örtlich)	
prope silvam	*in der Nähe des Waldes*
propter *nahe bei, wegen* (örtlich und übertragen)	
oppidum propter Rōmam	*die Stadt bei Rom*
propter inopiam frūmentī	*wegen des Mangels an Getreide*
secundum *entlang, längs, gemäß, nach* (örtlich, zeitlich und übertragen)	
secundum flūmen	*entlang des Flusses*
secundum nātūram vīvere	*in Einklang mit der Natur leben*
secundum quiētem	*gleich nach dem Einschlafen*
suprā *oberhalb, über* (örtlich und zeitlich)	
suprā modum	*über das Maß hinaus*
suprā multōs annōs	*über viele Jahre hinaus*
trāns *jenseits, über – hinüber* (örtlich)	
trāns Rhēnum	*über den Rhein, jenseits des Rheines*
trāns Alpēs	*über die Alpen (hinüber)*
ultrā *jenseits, über – hinaus* (örtlich oder übertragen)	
ultrā montēs	*jenseits der Berge*
ultrā vīrēs	*über seine Kräfte hinaus*

Präpositionen mit dem Ablativ

ā, ab, *(selten:* **abs***) von, von … her, aus, von … weg* (örtlich, zeitlich und übertragen) (ā nur vor Konsonanten)	
ab urbe discēdere	*aus der Stadt weggehen*
ab urbe conditā	*seit Gründung der Stadt (Rom)*
ā castrīs	*vom Lager weg*
ā Germanīs dēfendere	*vor den Germanen verteidigen*
cum *mit* (als Ausdruck einer Verbindung oder zeitlich)	
cum amīcīs esse	*mit Freunden zusammen sein*

Präposition

cum prīmā lūce	mit Tagesanbruch
dē *von … herab, von … weg; während; über* (örtlich, zeitlich und übertragen)	
dē montibus	von den Bergen herab
dē tertiā vigiliā	während der dritten Nachtwache
dē pāce agere	über den Frieden verhandeln
ē, ex (ē nur vor Konsonanten) *aus, von … aus, seit* (örtlich, zeitlich und übertragen)	
ex oppidō	aus der Stadt (heraus)
ex eō tempore	seit dieser Zeit
pōculum ex aurō	Becher aus Gold
prae *vor, wegen* (örtlich oder bei Angabe des Hinderungsgrundes)	
prae sē ferre	(vor sich hertragen) zur Schau stellen
prae tumultū nihil audīre	vor Lärm nichts hören
prae lacrimīs	vor Tränen
prō *vor, für* (örtlich oder übertragen)	
prō castrīs	vor dem Lager
prō libertāte pugnāre	für die Freiheit kämpfen
sine *ohne* (übertragen)	
sine ūllā spē	ohne jede Hoffnung
sine causā	ohne Grund

Präpositionen mit dem Akkusativ oder dem Ablativ

in	
mit Akk.: *in, an, auf, nach, gegen* (Frage: **wohin?**, örtlich und übertragen)	
in prōvinciam īre	in die Provinz gehen
in diem vīvere	in den Tag hinein leben
in servum	gegen den Sklaven
mit Abl.: *in, an, auf* (Frage: **wo?**, örtlich und übertragen)	
in urbe	in der Stadt
in rēbus adversīs	im Unglück
in pāce	im Frieden

Formenlehre

mit Akk.: *unter, gegen* (Frage: **wohin?**, örtlich und zeitlich)	
sub montem venire	*an den Fuß des Berges kommen*
sub lūcem – **sub** vesperem	*gegen Tagesanbruch – gegen Abend*
mit Abl.: *unter* (Frage: **wo?**, örtlich, zeitlich und übertragen)	
sub monte	*am Fuß des Berges*
sub Tiberiō Caesare	*unter der Herrschaft des Kaisers Tiberius*
sub imperiō alicuius esse	*unter jemands Herrschaft stehen*

Die Ablative **causā** (von **causa, -ae** f. *Grund, Ursache*) und **grātiā** (von **grātia, -ae** f. *Gunst, Gefälligkeit*) werden manchmal im Deutschen durch Präpositionen wiedergegeben. Sie verlangen im Lateinischen den Genitiv und werden dann mit *wegen, um … willen* wiedergegeben. Sie werden ihren Bezugswörtern nicht voran-, sondern nachgestellt (sog. Postpositionen).

exemplī grātiā/causā	*(um des Beispiels willen) beispielsweise*
honōris grātiā/causā	*um der Ehre willen*

 Auch die Zwischenstellung von Präpositionen kommt im Lateinischen vor. Sie dient meist dazu, das vorgezogene Wort zu betonen.

<u>magnā</u> **cum** laude	*(mit besonderem Lob) mit Auszeichnung*
<u>eā</u> **dē** causā	*aus (genau) diesem Grund*

Über die Komparation von Präpositionen erfährst du im Kapitel **Komparation von Adjektiven und Adverbien.**

10 Numeralia

Zu den lateinischen Numeralia (Zahlwörtern) gehören:

Grund- oder Kardinalzahlen (**Cardinālia**)	*eins, zwei, drei, …*
Ordnungs- oder Ordinalzahlen (**Ōrdinālia**)	*der erste, zweite, dritte, …*
Distributivzahlen (**Distribūtīva**)	*je einer, je zwei, je drei, …*
Zahladverbien (**Multiplicātīva**)	*einmal, zweimal, dreimal, …*

Numeralia

Die Zahlen im Überblick

Zahl		Grundzahlen wie viele?	Ordnungszahlen der wievielte?	Distributivzahlen wie viele jedesmal?
1	I	ūnus, -a, -um	prīmus, -a, -um	singulī, -ae, -a
2	II	duo, duae, duo	secundus	bīnī
3	III	trēs, tria	tertius	ternī
4	IV	quattuor	quārtus	quaternī
5	V	quīnque	quīntus	quīnī
6	VI	sex	sextus	sēnī
7	VII	septem	septimus	septēnī
8	VIII	octō	octāvus	octōnī
9	IX	novem	nōnus	novēnī
10	X	decem	decimus	dēnī
11	XI	ūndecim	ūndecimus	ūndēnī
12	XII	duodecim	duodecimus	duodēnī
13	XIII	trēdecim	tertius decimus	ternī dēnī
14	XIV	quattuordecim	quārtus decimus	quaternī dēnī
15	XV	quīndecim	quīntus decimus	quīnī dēnī
16	XVI	sēdecim	sextus decimus	sēnī dēnī
17	XVII	septendecim	septimus decimus	septēnī dēnī
18	XVIII	duodēvīgintī	duodēvīcēsimus	duodēvīcēnī
19	XIX	undēvīgintī	undēvīcēsimus	undēvīcēnī
20	XX	vīgintī	vīcēsimus	vīcēnī
30	XXX	trīgintā	trīcēsimus	trīcēnī
40	XL	quadrāgintā	quadrāgēsimus	quadrāgēnī
50	L	quīnquāgintā	quīnquāgēsimus	quīnquāgēnī
60	LX	sexāgintā	sexāgēsimus	sexāgēnī
70	LXX	septuāgintā	septuāgēsimus	septuāgēnī
80	LXXX	octōgintā	octōgēsimus	octōgēnī
90	XC	nōnāgintā	nōnāgēsimus	nōnāgēnī

Formenlehre

Zahl		Grundzahlen wie viele?	Ordnungszahlen der wievielte?	Distributivzahlen wie viele jedesmal?
100	C	centum	centēsimus	centēnī
200	CC	ducentī	ducentēsimus	ducēnī
300	CCC	trecentī	trēcentēsimus	trecēnī
400	CD	quadringentī	quadringentēsimus	quadringēnī
500	D	quīngentī	quīngentēsimus	quīngēnī
600	DC	sescentī	sescentēsimus	sescēnī
700	DCC	septingentī	septingentēsimus	septingēnī
800	DCCC	octingentī	octingentēsimus	octingēnī
900	CM	nōngentī	nōngentēsimus	nōngēnī
1000	M	mīlle	mīllēsimus	singula mīlia
2000	MM	duo mīlia	bis mīllēsimus	bīna mīlia

Die Deklination der Zahlen

Nur wenige **Grundzahlen** werden dekliniert:
- Die Einer **ūnus, duo** und **trēs** werden wie Adjektive dekliniert. **Trēs** bildet seine Formen wie ein zweiendiges Adjektiv der i-Stämme im Plural, **ūnus** und **duo** bis auf die unten markierten Abweichungen wie eines der a-/o- Deklination. Die Grundzahlen ab **quattuor** *vier* werden nicht mehr dekliniert!
- Alle Hunderter von **ducentī, -ae, -a** *200* an werden regelmäßig wie die Adjektive der a-/o- Deklination flektiert.

	M.	F.	N.	M.	F.	N.	M./F.	N.
Nom.	ūnus	ūna	ūnum	duo	duae	duo	trēs	tria
Gen.	ūnīus	ūnīus	ūnīus	duōrum	duārum	duōrum	trium	trium
Dat.	ūnī	ūnī	ūnī	duōbus	duābus	duōbus	tribus	tribus
Akk.	ūnum	ūnam	ūnum	duōs	duās	duo	trēs	tria
Abl.	ūnō	ūnā	ūnō	duōbus	duābus	duōbus	tribus	tribus

Numeralia

 Der Plural **mīlia** *Tausende* von **mīlle** *1000* sowie die zusammengesetzten Zahlen ab 2000 werden wie **Substantive** behandelt und regelmäßig nach den i-Stämmen der 3. Deklination flektiert: **mīlia, mīlium, mīlibus, mīlia, mīlibus**. Ein damit verbundenes Nomen steht immer im Genitiv: **duo mīlia nāvium** *2000 Schiffe* (aber: **mīlle nāvēs** *1000 Schiffe*).

Die **Ordnungszahlen** werden wie Adjektive der a-/o- Deklination flektiert. Sie werden im Lateinischen statt der deutschen Grundzahlen bei der Angabe von **Jahreszahlen** und der **Tageszeit** angegeben. Die **Tageszeit** wird als eine bestimmte Stunde vom Sonnenaufgang an (ca. 6 Uhr) angegeben.

annō sescentēsimō nōnō (ab urbe conditā)	*im 609. Jahr (seit Gründung der Stadt Rom)*
horā nōnā	*um die neunte Stunde (um 15 Uhr)*

Die **Distributivzahlen** (**distribuere** *verteilen, zuteilen*) geben die „Verteilung" einer Menge von etwas an. Sie ergänzen Nomen im Plural und bilden ihre Formen regelmäßig nach der a-/o-Deklination.

centēnī mīlitēs	*je 100 Soldaten*
bīnae litterae	*je zwei Briefe*

Es gibt außerdem Zahladjektive, die durch das Anhängen von **-plex**, **-plicis** gebildet werden. Sie werden wie einendige Adjektive (z.B. **audāx, -ācis** *kühn*) der i-Stämme dekliniert.

simplex	*einfach*	**quadruplex**	*vierfach*
duplex	*zweifach*	**quīncuplex**	*fünffach*
triplex	*dreifach*	**decemplex**	*zehnfach*

Formenlehre

Zahladverbien

Zahladverbien bestimmen eine Häufigkeit und antworten auf die Frage **„wie oft?"**. Als Zahladverb wird der **Sg.Neutr.** der Ordnungszahlen gebraucht (bis auf **iterum**).

prīmum	**iterum**	**tertium**	**quārtum**	usw.
zum ersten Mal	zum zweiten Mal, wiederum	zum dritten Mal	zum vierten Mal	

Außerdem gibt es folgende Zahladverbien:

Feststehende Begriffe:		**Regelmäßige Bildung durch das Anhängen von –iēs:**	
semel	einmal	**quīnquiēs**	fünfmal
bis	zweimal	**sexiēs**	sechsmal
ter	dreimal	**septiēs**	siebenmal
quater	viermal	**octiēs**	achtmal
		etc.	

11 Verben

Verben (Tätigkeitswort/Zeitwort) stellen neben den Nomen die zweite große Gruppe der **flektierbaren** Wortarten dar. Im Unterschied zu den Nomen werden sie nicht **dekliniert**, sondern **konjugiert** (**coniugāre** *verbinden*). Wie bei der Deklination gibt es auch bei der Konjugation verschiedene Klassen.

Die wichtigste syntaktische Funktion des Verbs ist die des Prädikats (**praedicāre** *aussagen, ankündigen*) Das Prädikat ist, sowohl im Deutschen, als auch im Lateinischen, neben dem Subjekt Grundbestandteil eines jeden Satzes. Es ist Träger der **Satzaussage**, d.h. es gibt an, welche **Handlung** in einer bestimmten **Zeit** vollzogen wird.

1	Cunīculum irrītat.	Sie *ärgert* das Kaninchen.
2	Fēlēs nigrae cunīculum irrītābant.	Die schwarzen Katzen *ärgerten* das Kaninchen.
3	Fēlis nigra cunīculum irrītābit.	Die schwarze Katze wird das Kaninchen *ärgern*.

Verben

 Anders als im Deutschen ist im Lateinischen die handelnde Person oder Sache eindeutig an der Form des Prädikats ablesbar. Das **Subjekt** des lateinischen Satzes kann daher wie im ersten Beispielsatz **im Prädikat enthalten** sein und muss nicht zusätzlich genannt werden. In den Beispielen 2 und 3 jedoch tritt eine **Nominativform** von **fēlis** als Subjekt auf. Wird das Subjekt eines lateinischen Satzes durch einen **Nominativ** zusätzlich genannt, müssen **Subjekt** und **Prädikat** hinsichtlich des **Numerus** in **Kongruenz** zueinander stehen. Bei **irritā-ba-nt** im obigen Beispiel handelt es sich um eine Pluralform, die entweder mit *sie ärgerten* übersetzt oder durch eine Nominativform im Plural ergänzt werden könnte, bei **irritā-bi-t** um eine Verbform in der 3. Person Singular. Das Prädikat gibt anders als Attribute keinen Hinweis auf das grammatische Geschlecht des Subjekts.

Neben dem Numerus sind im lateinischen Prädikat **vier weitere Informationen** enthalten. Es gibt eine eindeutige Auskunft über
- die **handelnde Person oder Sache**, indem es durch das **Personenzeichen** einen von sechs möglichen Handlungsträgern (jeweils drei in Singular und Plural: *ich, du, er/sie/es, wir, ihr, sie*) bestimmt.

 Anders als im Deutschen steckt das Subjekt im Lateinischen in der Regel bei der 1. und 2. Person ausschließlich im Prädikat, Auch bei der 3. Person muss es nicht unbedingt zusätzlich genannt werden. Daher kann sogar ein einzelnes Wort einen grammatisch vollständigen Satz ergeben, z.B.: **Ambulat.** *Er geht spazieren.*

- das **Tempus** (**tempus, -oris** n. *Zeit*), in dem eine Handlung vollzogen wird. Das Lateinische kennt **sechs Tempora**: Präsens, Imperfekt, Futur I und II, Perfekt und Plusquamperfekt.
- das Verhältnis der Aussage zur Wirklichkeit, das in einem von drei **Modi** (die Singularform lautet *Modus*; **modus, -i** m. *Art und Weise*) zur Geltung gebracht wird: **Indikativ** (Modus der Wirklichkeit), **Konjunktiv** (Modus der Vorstellung) und **Imperativ** (Befehlsform).
- das **Genus verbi**. Es gibt an, ob sich eine Handlung im **Aktiv** vollzieht oder im **Passiv** vollzogen wird.

Da alle diese Informationen **an einem Wort ablesbar** sind, bilden lateinische Verben **zahlreiche, meist eindeutige Verbformen**, damit der Leser genau versteht, was gemeint ist. Wie beim Nomen erfolgt die Bildung dieser Formen fast ausschließlich durch das **Anhängen von Suffixen** an den **Verbalstamm**, der die Bedeutung trägt. Er erscheint je nach Tempus als **Präsens-, Perfekt- oder Partizipialstamm** (auch **Supinstamm**).

Formenlehre

VERBALSTAMM	TEMPUS
Präsensstamm	Präsens, Futur, Imperfekt
Perfektstamm	Perfekt, Futur II, Plusquamperfekt
Partizipialstamm (Supinstamm)	Perfekt Passiv, Futur II Passiv, Plusquamperfekt Passiv, Partizip Perfekt Passiv, Partizip Futur Aktiv

Zur Bezeichnung der Tempora und Modi treten an den jeweiligen Verbalstamm **Tempus- und Moduszeichen**, zur **Bezeichnung der Personen** und **Genera verbi** (z.T. auch der **Tempora**) die **Endungen**, z.B. **vocā-tis** *ihr ruft*, **vocā-bā-tis** *ihr rieft*.

Verbformen treten nicht nur als Prädikate auf, die hinsichtlich der oben genannten Kriterien „**voll bestimmt**" (**finit**) sind, sondern auch als unbestimmte **infinite** Formen auf. Dazu gehören neben den **Infinitiven Partizipien, Gerundium** und **Gerundivum**. Sie werden **adjektivisch** oder **substantivisch** gebraucht und daher auch als nominale Formen bezeichnet.

Konjugation der Verben

Jedes Verb kann entsprechend dem **Ausgang des Präsensstammes** einer von **fünf Konjugationsklassen** zugeordnet werden. Den Präsensstamm erhält man durch das Wegstreichen der Infinitivendung **-(e)re**.

laudā-re	**a**-Konjugation (1. Konjugation)
monē-re	**e**-Konjugation (2. Konjugation)
audi-re	**i**-Konjugation (4. Konjugation)
ag-ere	Konsonantische Konjugation
cap-e¹re	Gemischte Konjugation (auch: kons.Konj. mit i-Erweiterung)²

[1] das Stamm **-e** bei **capere** ist aus **-i** abgeschwächt.
[2] Diese Verben werden mit wenigen Ausnahmen wie Verben der i-Konjugation flektiert: Die Infinitive des Präsens sehen aus wie die der konsonantischen Konjugation, in der 2.Pers. Sg.Präs.Pass.Ind. steht **-eris** statt –iris.

Verben

Der Präsensstamm

Vom Präsensstamm werden die finiten Indikativ- und Konjunktiv-Formen des **Präsens** und **Imperfekts** und die **Futur I**-Formen abgeleitet (Aktiv und Passiv). Außerdem werden **Imperativ I und II** und die infiniten Formen des **Partizip Präsens Aktiv (PPA)**, des **Gerundium** und **Gerundivum** ausgehend vom Präsensstamm gebildet.

Die Präsensformen (Indikativ und Konjunktiv) im Aktiv

Für diese Zeiten gelten folgende Personalendungen:

1.Sg.	-o/-m	1.Pl.	-mus
2.Sg.	-s	2.Pl.	-tis
3.Sg.	-t	3.Pl.	-nt

Bei der Bildung des **Indikativ Präsens Aktiv** werden die **Endungen** an den **Wortstamm** angehängt, bei den Konjunktiv-Formen wird zusätzlich das Konjunktiv Präsens-Zeichen **-a-** eingefügt. Nur in der a-Konjugation verschmilzt im Konjunktiv Präsens Aktiv das **-a-** des Stammes mit dem **-a-** des Konjunktivs zu **-e-**.

Zeit	Pers.	a-Konjugation	e-Konjugation	i-Konjugation	konsonantische Konjugation (Konsonantenstämme)	konsonantische Konjugation (i-Stämme)
Präsens Indikativ	1.	laudō	moneō	audiō	agō	capiō
	2.	laudās	monēs	audīs	agis	capis
	3.	laudat	monet	audit	agit	capit
	1.	laudāmus	monēmus	audīmus	agimus	capimus
	2.	laudātis	monētis	audītis	agitis	capitis
	3.	laudant	monent	audiunt	agunt	capiunt
	D	ich lobe	ich mahne	ich höre	ich handle	ich ergreife
Präsens Konjunktiv	1.	laudem	moneam	audiam	agam	capiam
	2.	laudēs	moneās	audiās	agās	capiās
	3.	laudet	moneat	audiat	agat	capiat
	1.	laudēmus	moneāmus	audiāmus	agāmus	capiāmus
	2.	laudētis	moneātis	audiātis	agātis	capiātis
	3.	laudent	moneant	audiant	agant	capiant

Der Indikativ Präsens wird als eben solcher ins Deutsche übersetzt. Zu den verschiedenen Übersetzungsmöglichkeiten des Konjunktivs erhältst du im Kapitel **Konjunktiv** weitere Informationen!

Formenlehre

Das Imperfekt im Aktiv

Der **Indikativ Imperfekt** wird in allen Konjugationen durch die Anfügung des Imperfektzeichens **-ba-** an den Präsensstamm und die **Personalendung**, der **Konjunktiv** durch die Verbindung des **Infinitiv Präsens** mit der **Personalendung** gebildet. Bei Verben der konsonantischen und der i-Konjugation wird beim Indikativ zwischen Präsensstamm und **-ba-** noch ein **-e-** eingefügt.

Zeit	Pers.	a-Konjugation	e-Konjugation	i-Konjugation	konsonantische Konjugation (Konsonantenstämme)	konsonantische Konjugation (i-Stämme)
Imperfekt Indikativ	1.	laudābam	monēbam	audiēbam	agēbam	capiēbam
	2.	laudābās	monēbās	audiēbās	agēbās	capiēbās
	3.	laudābat	monēbat	audiēbat	agēbat	capiēbat
	1.	laudābāmus	monēbāmus	audiēbāmus	agēbāmus	capiēbāmus
	2.	laudābātis	monēbātis	audiēbātis	agēbātis	capiēbātis
	3.	laudābant	monēbant	audiēbant	agēbant	capiēbant
	D	ich lobte, ich habe gelobt	ich mahnte, ich habe gemahnt	ich hörte, ich habe gehört	ich handelte, ich habe gehandelt	ich ergriff, ich habe ergriffen
Imperfekt Konjunktiv	1.	laudārem	monērem	audīrem	agerem	caperem
	2.	laudārēs	monērēs	audīrēs	agerēs	caperēs
	3.	laudāret	monēret	audīret	ageret	caperet
	1.	laudārēmus	monērēmus	audīrēmus	agerēmus	caperēmus
	2.	laudārētis	monērētis	audīrētis	agerētis	caperētis
	3.	laudārent	monērent	audīrent	agerent	caperent

Das Imperfekt wird im Deutschen mit dem Präteritum oder mit dem Perfekt wiedergegeben. Zu den verschiedenen Übersetzungsmöglichkeiten des Konjunktivs erhältst du im Kapitel **Konjunktiv** weitere Informationen!

Verben

Das Futur I im Aktiv

Das **Futur** hat im Unterschied zu den anderen Zeiten **keine Konjunktivformen**. Die Bildung ist nicht einheitlich und unterscheidet sich je nach Konjugation:
- **a- und e- Konjugation**: Das Futurzeichen **-bi-** und die **Personalendung** werden an den Präsensstamm angefügt. In der 1.Person Sg. verschmilzt das Futurzeichen mit der Personalendung, daraus entsteht die Endung **-bo**. In der 3.Person Pl. lautet das Futurzeichen ausnahmsweise **-bu-**.
- **i- Konjugation** und **konsonantische Konjugation**: Das Futurzeichen ist **-e-** (in der 1.Person Sg. ausnahmsweise **-a-**).

Der Imperativ I und II

Der Imperativ (**imperāre** *befehlen*) ist neben Indikativ und Konjunktiv einer der drei **Modi** des Verbs.

Im Lateinischen unterscheidet man zwei Arten des Imperativs. Der häufiger gebrauchte **Imperativ I** wird für **Aufforderungen** und **Befehle** oder **Ratschläge** benutzt. Er spricht die 2. Person Singular oder Plural direkt an, steht jedoch ohne Personalpronomen, z.B. **venī!** *Komm (mit)!* oder **venīte!** *Kommt (mit)!*

 Für **Befehle an die 1. Person Plural** verwendet man den **Hortativ**, für **Befehle an die 3. Person** den **Iussiv**. Beide werden im Lateinischen durch Formen des **Konjunktivs** umschrieben. Für verneinte Befehle an die 2. Person gibt es zwei Bildungsmöglichkeiten: mit **nōlī/nōlīte + Infinitiv** und **nē + 2. Person Konjunktiv Perfekt**. Weitere Hinweise dazu erhältst du im Kapitel zum **Konjunktiv**!

Ein Wunsch oder Befehl, der in der nahen oder fernen Zukunft verwirklicht werden soll, wird durch den **Imperativ II** ausgedrückt. Er kommt seltener vor als der Imperativ I und wird meistens eingesetzt, wenn es um **allgemeine Vorschriften**, **Gesetze** oder **Lebensregeln** geht. Er richtet sich an die 2. oder 3. Person.

Pār-ētō lēgibus! *Du sollst den Gesetzen gehorchen!*

▶ Weitere Informationen zur Verwendung des lateinischen Imperativs erhältst du im Kapitel **Unabhängige Aufforderungs- und Wunschsätze**.

Formenlehre

Die **Imperative I** und **II** werden in den verschiedenen Konjugationen folgendermaßen gebildet:

Zeit	Pers.	a-Konjugation	e-Konjugation	i-Konjugation	konsonantische Konjugation (Konsonantenstämme)	konsonantische Konjugation (i-Stämme)
Imperativ I	2. 2. D	laud**ā**! laud**ā**te! lobe! lobt!	mon**ē**! mon**ē**te! mahne! mahnt!	aud**i**! aud**i**te! höre! hört!	ag**e**! ag**i**te! handle! handelt!	cap**e**! cap**i**te! ergreife! ergreift!
Imperativ II	2./3. 2. 3. D	laud**ātō**! laud**ātōte**! laud**antō**! du sollst loben/er soll loben! ihr sollt loben! sie sollen loben!	mon**ētō**! mon**ētōte**! mon**entō**! du sollst mahnen/er soll mahnen! ihr sollt mahnen! sie sollen mahnen!	aud**ītō**! aud**ītōte**! aud**iuntō**! du sollst hören/er soll hören! ihr sollt hören! sie sollen hören!	ag**itō**! ag**itōte**! ag**untō**! du sollst handeln/er soll handeln! ihr sollt handeln! sie sollen handeln!	cap**itō**! cap**itōte**! cap**iuntō**! du sollst ergreifen/er soll ergreifen! ihr sollt ergreifen! sie sollen ergreifen!

Verben

Die Passivzeiten des Präsensstammes

Bei der Umwandlung des Aktivs ins Passiv wird nur die aktive **Personalendung** abgekoppelt und die passive angehängt. Alles andere bleibt unverändert.

Die Personalendungen des Passivs sind:

1.Sg.	-or/-r	1.Pl.	-mur
2.Sg.	-ris	2.Pl.	-mini
3.Sg.	-tur	3.Pl.	-ntur
Infinitiv: **-(r)ī** (-rī bei a-, e-, i-Konjugation, sonst -ī)			

In der 2.Pers. Sg. Fut.I Pass. lauten die Formen in der a- und e- Konjugation nicht, wie es zu erwarten wäre, **laudā-bi-ris* bzw. **monē-bi-ris*, sondern **laudā-be-ris** bzw. **monē-be-ris**. Auch bei den Verben der konsonantischen Konjugation und der gemischten Konjugation gibt es eine Ausnahme: Die 2.Pers. Sg. Ind. Prä. Pass. heißt nicht **ag-i-ris* bzw. **cap-i-ris*, sondern **ag-e-ris** und **cap-e-ris**.

Zeit	Pers.	a-Konjugation	e-Konjugation	i-Konjugation	konsonantische Konjugation (Konsonantenstämme)	konsonantische Konjugation (i-Stämme)
Präsens Indikativ	1.	laud**or**	mon**eor**	aud**ior**	ag**or**	cap**ior**
	2.	laud**āris**	mon**ēris**	aud**īris**	ag**eris**	cap**eris**
	3.	laud**ātur**	mon**ētur**	aud**ītur**	ag**itur**	cap**itur**
	1.	laud**āmur**	mon**ēmur**	aud**īmur**	ag**imur**	cap**imur**
	2.	laud**āmini**	mon**ēmini**	aud**īmini**	ag**imini**	cap**imini**
	3.	laud**antur**	mon**entur**	aud**iuntur**	ag**untur**	cap**iuntur**
	D	ich werde gelobt	ich werde gemahnt	ich werde gehört	ich werde getrieben	ich werde ergriffen
Präsens Konjunktiv	1.	laud**er**	mon**ear**	aud**iar**	ag**ar**	cap**iar**
	2.	laud**ēris**	mon**eāris**	aud**iāris**	ag**āris**	cap**iāris**
	3.	laud**ētur**	mon**eātur**	aud**iātur**	ag**ātur**	cap**iātur**
	1.	laud**ēmur**	mon**eāmur**	aud**iāmur**	ag**āmur**	cap**iāmur**
	2.	laud**ēmini**	mon**eāmini**	aud**iāmini**	ag**āmini**	cap**iāmini**
	3.	laud**entur**	mon**eantur**	aud**iantur**	ag**antur**	cap**iantur**

Formenlehre

Die Aktivzeiten des Perfektstammes

Mit dem Perfektstamm werden die finiten Indikativ- und Konjunktiv-Formen des **Perfekt**, **Plusquamperfekt** und **Futur II** gebildet, außerdem der **Infinitiv Perfekt**.

Es gibt im Lateinischen **zwei regelmäßige Bildungsweisen des Perfekts**:
- Bei fast allen Verben der **a-Konjugation** und manchen anderen wird ein **v-Perfekt** gebildet: Aus dem Präsens- wird der Perfektstamm, indem ein **-v** angefügt wird, z.B. **laudāv-ī** *ich habe gelobt*.
- Viele Verben der **e-Konjugation** bilden ein **u-Perfekt**, indem das -e des Präsensstammes durch ein **-u** ersetzt wird, z.B. **monu-ī** *ich habe ermahnt*.

> **!** Alle anderen Verben bilden ihre Perfektformen **unregelmäßig**. Dir bleibt nichts anderes übrig, als diese unregelmäßigen Formen zusammen mit den Vokabeln zu lernen. Bei unregelmäßigen Verben werden in der Regel die **Stammformen** mit angegeben. Diese nennen die aktive Präsens- und Perfektform jeweils in der 1.Pers. Sg. Ind. und – falls vorhanden – das Partizip Perfekt Passiv eines Verbs. Die Stammformen von
> **agere** *treiben, handeln* lauten beispielsweise **agō - ēgī - āctum**.

▶ Eine Auswahl der wichtigsten **Stammformen** erhältst du am Ende des Kapitels!

Man unterscheidet **vier unregelmäßige Bildungsweisen des Perfekts**:
- **Dehnungsperfekt** (Dehnung des Vokals der ersten Silbe, teils Abwandlung von -a- zu -e-), z.B.
  lēg-ī *ich habe gelesen* von **legere**
  fēc-ī *ich habe gemacht* von **facere**
- **Reduplikationsperfekt** (meist Doppelung der ersten Silbe), z.B.
  cu-curr-ī *ich bin gelaufen* von **currere**
  pe-perc-ī *ich habe geschont* von **parcere**
- **s-Perfekt**, z.B.
  scrīps-ī *ich habe geschrieben* von **scrībere**
  fīx-ī (aus *fīg-sī) *ich habe befestigt* von **fīgere**
- **Perfekt ohne Stammveränderung** (ohne Veränderung des Präsensstamms), z.B.
  dēfend-ī *ich habe verteidigt* von **dēfendere**
  vert-ī *ich habe gewendet* von **vertere**

Verben

Zur Bildung der Perfektformen wird an den **Perfektstamm** die entsprechende **Personalendung** angehängt. Das **Perfekt** hat **eigene Personalendungen**, die nur im Indikativ Perfekt Aktiv vorkommen:

1.Sg.	-ī	1.Pl.	-imus
2.Sg.	-istī	2.Pl.	-istis
3.Sg.	-it	3.Pl.	-ērunt
Infinitiv: -isse			

Die Formen von **laudāre** im **Indikativ Perfekt Aktiv** lauten demnach:

laudāv-ī	ich habe gelobt
laudāv-istī	du hast gelobt
laudāv-it	usw.
laudāv-imus	
laudāv-istis	
laudāv-ērunt	

Nach diesem Schema werden auch die **Perfektformen aller anderen Verben** gebildet. Das lateinische Perfekt kann mit dem deutschen Perfekt oder Präteritum wiedergegeben werden.
▶ Zur Verwendung des Perfekts (im Verhältnis zum Imperfekt beispielsweise) im Lateinischen erfährst du mehr im Kapitel **Zeitstufen und Zeitverhältnisse**.

Alle übrigen Formen des Perfektstammes werden mit denselben Endungen wie die folgenden Beispiele gebildet:

Konjunktiv Perfekt Aktiv:

monu-erim	mögliche Übersetzungen siehe
monu-eris	Kapitel zum Konjunktiv!
monu-erit	
monu-erimus	
monu-eritis	
monu-erint	

Formenlehre

Indikativ Plusquamperfekt Aktiv (Perfektstamm + Ind. Imp. von **esse** *sein*)**:**

monu-eram	ich hatte ermahnt
monu-erās	du hattest ermahnt
monu-erat	usw.
monu-erāmus	
monu-erātis	
monu-erant	

Konjunktiv Plusquamperfekt Aktiv (Infinitiv Perfekt + Personalendung)**:**

monu-isse-m	zur Übersetzung siehe Konjunktiv
monu-issē-s	
monu-isse-t	
monu-issē-mus	
monu-issē-tis	
monu-isse-nt	

Futur II Aktiv (Perfektstamm + Futur von **esse** *sein* mit Ausnahme der 3.Pers. Pl. **-erint** *statt* erunt)**:**

monu-erō	ich werde gemahnt haben
monu-eris	du wirst gemahnt haben
monu-erit	usw.
monu-erimus	
monu-eritis	
monu-erint	

Der Infinitiv Perfekt lautet **monu-isse** *gemahnt (zu) haben*.

Zur Verwendung und Übersetzung der Zeiten erhältst du weitere Informationen im Kapitel
▶ **Zeitstufen und Zeitverhältnisse.**

Verben

Die Passivzeiten des Perfektstammes

Die Passivzeiten, die vom Perfektstamm gebildet werden, bestehen im Lateinischen immer aus zwei Wörtern: dem **Partizip Perfekt Passiv (PPP)** und einer Form von **esse** *sein*.

Die Bildung des **PPP** erfolgt auf unterschiedliche Weise. Die meisten Verben der **a-Konjugation** bilden das **PPP** durch das Anhängen der **Endung -tus** an den **Präsensstamm**, z.B. **laudā-tus, -a, -um** *gelobt*, viele Verben der **e-Konjugation** durch Anfügung der Endung **-itus** an den Präsensstamm (Streichung des –e) z.B. **mon-itus** *gemahnt*.

 Die anderen Verben bilden das PPP **auf unregelmäßige Weise**. Wie die unregelmäßigen Perfektformen musst du diese Partizipien zusammen mit den Wortbedeutungen durch die **Stammformen** mitlernen!

Die Zeiten im Einzelnen (die Bildung gilt auch für alle anderen Verben):

	INDIKATIV	KONJUNKTIV
Perf.	**laudātus** + Ind. Präs. von **esse** **laudātus sum** – *ich bin gelobt worden*	**laudātus** + Konj. Präs. von **esse** **laudātus sim** (Übersetzung siehe Kapitel Konjunktiv!)
PqP.	**laudātus** + Ind. Imp. von **esse** **laudātus eram** – *ich war gelobt worden*	**laudātus** + Konj. Imp. von **esse** **laudātus essem** (Übersetzung siehe Kapitel Konjunktiv!)
Fut.II	**laudātus** + Futur I von **esse** **laudātus erō** – *ich werde gelobt worden sein*	

Das PPP wird wie die **Adjektive der a-/o-Deklination auf -us, -a, -um** dekliniert.
In den Passivzeiten richtet sich das PPP wie ein adjektivisches Prädikatsnomen in **Kasus, Numerus und Genus** nach seinem Bezugswort, d.h. nach dem Subjekt des Satzes.

Cuniculus **albus ā fēle nigrā agitāt**us **est.**
Das weiße Kaninchen wurde von der schwarzen Katze gejagt.

Der „Täter", im Beispiel **fēlis nigra** *schwarze Katze*, wird im Lateinischen immer durch **ā/ab** mit Ablativ genannt.
▶ Mehr dazu siehe im Kapitel **Satzlehre/Ablativ**.

Formenlehre

 Manchmal stehen im Lateinischen das **PPP** und die dazu gehörige Form von **esse getrennt voneinander**, manchmal fehlt sogar die Form von **esse** aus stilistischen Gründen. Überlege daher immer, wenn du auf ein Partizip stößt, ob es Teil eines Prädikats sein könnte!

Das **Partizip Futur Aktiv (PFA)** stellt zusammen mit einer finiten Form von **esse** eine eigene Zeit dar, das umschriebene Futur. Das **PFA** wird durch das Anhängen von **-ūrus, -a, -um** gebildet und steht wie das **PPP** ebenso in **KNG-Kongruenz** zum **Subjekt** des Satzes. Dieses Futur wird mit „wollen", „beabsichtigen", manchmal mit „im Begriff sein zu" übersetzt. Es kann auch in der Vergangenheit vorkommen und ist vergleichbar mit dem **going-to- Future** im Englischen.

Fēlis cunīculum agitātūra est/erat.
Die Katze will/wollte das Kaninchen verfolgen.

Die Infinitive, die vom Perfektstamm gebildet werden, lauten:
laudātus, -a, -um esse *gelobt worden (zu) sein*
laudātūrus, -a, -um esse *(im Deutschen meist präsentisch wiedergegeben)*

PPP und **PFA** kommen auch als **infinite Verformen ohne esse** vor.
▶ Weitere Informationen zum Gebrauch von Partizipien erhältst du im Kapitel **Nominalformen des Verbs**.

12 Unregelmäßige Verben

Einige lateinische Verben bilden eigene Formen und werden unregelmäßig konjugiert. Zu diesen zählen **esse** *sein*, **posse** *können*, **velle** *wollen*, **nōlle** *nicht wollen*, **mālle** *lieber wollen*, **ferre** *tragen*, **īre** *gehen* und **fierī** *gemacht werden, werden, geschehen*.

esse *sein*

Das Hilfsverb **esse** kommt sehr häufig in verschiedenen Verwendungen vor. Meistens ist es zusammen mit einem Nomen oder einer Nominalform eines Verbs Teil eines Prädikats. Selten tritt es als Vollverb auf und wird dann im Sinne von *es gibt* oder *mir gehört* übersetzt.

Mihi sunt cunīculus et fēlis.
Mir gehören ein Kaninchen und eine Katze.

Unregelmäßige Verben

esse, sum, fuī *sein*

PRÄSENS

	INDIKATIV	KONJUNKTIV
1.	sum	sim
2.	es	sīs
3.	est	sit
1.	sumus	sīmus
2.	estis	sītis
3.	sunt	sint
D	*ich bin*	D siehe **Konjunktiv**

IMPERFEKT

	INDIKATIV	KONJUNKTIV
1.	eram	essem
2.	erās	essēs
3.	erat	esset
1.	erāmus	essēmus
2.	erātis	essētis
3.	erant	essent
D	*ich war, ich bin gewesen*	D siehe **Konjunktiv**

FUTUR I

	IMPERATIV I	IMPERATIV II	
1.	erō	–	
2.	eris	es!	*sei!*
		estō!	*du sollst sein!*
3.	erit	estō!	*er soll sein!*
1.	erimus	–	
2.	eritis	este!	*seid!*
		estōte!	*ihr sollt sein!*
3.	erunt	suntō!	*sie sollen sein!*

Formenlehre

posse *können*

Posse *können* ist ein Kompositum (*zusammengesetztes Verb*), das aus **pot-esse** entstanden ist. Die Vorsilbe lautet nur dann immer noch **pot-**, wenn die angehängte Form von esse mit einem Vokal beginnt; vor einem Konsonanten wurde sie zu **pos-** abgewandelt.

posse, possum, potuī *können*

PRÄSENS		
	INDIKATIV	KONJUNKTIV
1.	possum	possim
2.	potes	possīs
3.	potest	possit
1.	possumus	possīmus
2.	potestis	possītis
3.	possunt	possint
D	*ich kann*	*D* siehe **Konjunktiv**

IMPERFEKT		
	INDIKATIV	KONJUNKTIV
1.	poteram	1. possem
2.	poterās	2. possēs
3.	poterat	3. posset
1.	poterāmus	1. possēmus
2.	poterātis	2. possētis
3.	poterant	3. possent
D	*ich konnte, ich habe gekonnt*	*D* siehe **Konjunktiv**

FUTUR I	
1.	poterō
2.	poteris
3.	poterit
1.	poterimus
2.	poteritis
3.	poterunt
D	*ich werde können*

Unregelmäßige Verben

Perfekt, Plusquamperfekt und Futur II werden vom Perfektstamm **potu-** ausgehend gebildet:

PERFEKT	
potuī ...	potuerim ...
D ich konnte, ich habe gekonnt	siehe **Konjunktiv**

PLUSQUAMPERFEKT	
potueram ...	potuissem ...
D ich hatte gekonnt	siehe **Konjunktiv**

FUTUR II	
potuerō ...	
D ich werde gekonnt haben	

 Ähnliche Formen wie **posse** bildet das Kompositum **prōd-esse** *nützen, nützlich sein*. Die Vorsilbe vor einem Vokal lautet **prōd-**, vor einem Konsonanten **prō-**. Die Formen im Indikativ Präsens Aktiv lauten dann beispielsweise **prōsum, prōdes, prōdest, prōsumus, prōdestis, prōsunt**.

Formenlehre

velle, nōlle, mālle *wollen, nicht wollen, lieber wollen*

	VELLE	NŌLLE	MĀLLE
Präsens Indikativ	1. volō 2. vīs 3. vult 1. volumus 2. vultis 3. volunt	nōlō nōn vīs nōn vult nōlumus nōn vultis nōlunt	mālō māvīs māvult mālumus māvultis mālunt
D	*ich will*	*ich will nicht*	*ich will lieber*
Präsens Konjunktiv	1. velim 2. velīs ...	nōlim nōlīs ...	mālim mālīs ...
D	siehe Konjunktiv		
Imperfekt Indikativ	1. volēbam 2. volēbās ...	nōlēbam nolēbās ...	mālēbam mālēbās ...
D	*ich wollte, ich habe gewollt*	*ich wollte nicht, ich habe nicht gewollt*	*ich wollte lieber, ich habe lieber gewollt*
Imperfekt Konjunktiv	1. vellem 2. vellēs ...	nōllem nōllēs ...	māllem māllēs ...
Futur I	1. volam 2. volēs ...	nōlam nōlēs ...	mālam mālēs ...
D	*ich werde wollen*	*ich werde nicht wollen*	*ich werde lieber wollen*
Imperativ I	–	nōlī! nōlīte!	–
Partizip Präsens	volēns, entis	–	–
D	*wollend; einer, der will*		

Die übrigen Zeiten werden regelmäßig von den Perfektstämmen **volu-, nōlu-** und **mālu-** gebildet: **voluī, nōluī, māluī** usw.

Unregelmäßige Verben

ferre *tragen*
ferre, ferō, tulī, lātum *tragen, bringen*

	AKTIV	PASSIV
Präsens Indikativ	1. ferō 2. fers 3. fert 1. ferimus 2. fertis 3. ferunt	feror ferris fertur ferimur feriminī feruntur
D	ich trage	ich werde getragen
Präsens Konjunktiv	1. feram 2. ferās …	ferar ferāris …
Imperfekt Indikativ	1. ferēbam 2. ferēbās …	ferēbar ferēbāris …
D	ich trug, ich habe getragen	ich wurde getragen, ich bin getragen worden
Imperfekt Konjunktiv	1. ferrem 2. ferrēs …	ferrer ferrēris …
Futur I	1. feram 2. ferēs …	ferar ferēris …
D	ich werde tragen	ich werde getragen werden
Imperativ I	fer! ferte! –	–
D	trage! tragt!	
Imperativ II	fertō! fertōte! feruntō!	–
D	du sollst tragen/er soll tragen! ihr sollt tragen! sie sollen tragen!	
Infinitiv	ferre	ferrī
D	(zu) tragen	getragen (zu) werden
Partizip Präsens	ferēns, entis	–
D	tragend; einer, der trägt	

Nur die Formen des Präsensstammes **fer-** werden unregelmäßig gebildet.
Die übrigen Zeiten werden vom Perfektstamm **tul-** bzw. im Passiv vom Partizipialstamm **lāt-** gebildet: **tulī, tulistī** usw. und **lātus, -a, -um** usw.

Formenlehre

īre *gehen*

ei den Präsensformen von **īre** ist besonders zu beachten, dass vor den Vokalen **a**, **o** und **u** der **i**-Laut zu **e-** wird.

	INDIKATIV	KONJUNKTIV
Präsens	1. eō 2. īs 3. it 1. īmus 2. ītis 3. eunt	1. eam 2. eās 3. eat 1. eāmus 2. eātis 3. eant
D	ich gehe usw.	siehe Kapitel zum Konjunktiv!
Imperfekt	ībam ībās ...	īrem īrēs ...
D	ich ging, ich bin gegangen	
Futur I	ībō ībis ...	
D	ich werde gehen	
Imperativ I	ī! īte!	
D	geh! geht!	
Imperativ II	ītō! ītōte! euntō!	
D	du sollst gehen/er soll gehen! ihr sollt gehen! sie sollen gehen!	
PPA	iēns, euntis	
D	gehend; einer, der geht	
PFA	itūrus, -a, -um	
D	einer, der gehen wird/will	
Gerundium	eundī, eundō ...	
D	des Gehens	
Gerundiv	eundum (est)	
D	man muss gehen	

Unregelmäßige Verben

Der Perfektstamm von **ire** lautet **i-**. Vom Perfektstamm werden gebildet:

Indikativ Perfekt

1. iī   *ich ging/ich bin gegangen*
2. īstī   *du gingst*
3. iit   *usw.*
1. iimus
2. īstis
3. iērunt

Konjunktiv Perfekt

1. ierim   *siehe Konjunktiv*
2. ieris
3. ierit
1. ierimus
2. ieritis
3. ierint

Indikativ Plusquamperfekt

1. ieram   *ich war gegangen*
2. ierās   *du warst gegangen*
3. ierat   *usw.*
1. ierāmus
2. ierātis
3. ierant

Konjunktiv Plusquamperfekt

1. īssem   *siehe Konjunktiv*
2. īssēs
3. īsset
1. īssēmus
2. īssētis
3. īssent

Futur II

1. ierō   *ich werde gegangen sein*
2. ieris   *du wirst gegangen sein*
3. ierit   *usw.*
1. ierimus
2. ieritis
3. ierint

Wie bei anderen Formen, die vom Perfektstamm abgeleitet werden (z.B. im Konjunktiv Plusquamperfekt), verschmilzt im Infinitiv Perfekt **ii-** vor –s zu **ī**: Demnach lautet der Infinitiv Perfekt Aktiv: **īsse** *gegangen (zu) sein*

Das PFA lautet **itūrus, -a, -um** *einer, der gehen wird*. **Passive** Formen kommen nur in der 3. Person Singular vor. Man spricht dann von einem **unpersönlichen Passiv**, z.B. **ītur** *man geht*.

Formenlehre

fierī *gemacht werden, werden, geschehen*

Trotz seiner passiven Infinitivform handelt es sich bei **fierī** nicht um ein Deponens. Es wird im Präsensstamm wie **audīre** (i-Konjugation) konjugiert.

	INDIKATIV	KONJUNKTIV
Präsens	1. fīō	1. fīam
	2. fīs	2. fīās
	3. fit	3. fīat
	1. fīmus	1. fīāmus
	2. fītis	2. fīātis
	3. fīunt	3. fīant
D	*ich werde gemach*	
Imperfekt	1. fīēbam	1. fierem
	2. fīēbās	2. fierēs
	… …	
D	*ich wurde gemacht, ich bin gemacht worden*	
Futur I	1. fīam	
	2. fīēs	
	…	
D	*ich werde gemacht werden*	
Imperativ I	fī! fīte!	
D	*werde gemacht! werdet gemacht!*	

Im Perfektstamm verwendet man ersatzweise einige Formen des Verbs **facere** *machen, tun*. Das Perfekt Passiv lautet z.B. **factum est** *es ist gemacht worden/geschehen*. Auch das Gerundivum **faciendus, -a, -um** wird von **facere** gebildet.

Das PFA wird durch **futūrus, -a, -um** ersetzt, der Infinitiv lautet entsprechend **futūrum esse**.

Unpersönliche Verben

Unpersönliche Verben (Verba impersōnālia)

Einige **unpersönliche Verben**, bei denen keine konkrete Person als Subjekt denkbar ist, kommen nur in der 3. Person Singular vor:

decet (decuit)	es ziemt sich
libet (libuit, libitum est)	es beliebt, es passt
licet (licuit, licitum est)	es ist erlaubt
oportet (oportuit)	es gehört sich, man muss
mē paenitet (paenituit)	es reut mich
mē pudet (puduit, puditum est)	es beschämt mich
mē taedet (pertaesum est)	es ekelt mich

In der 3. Person können diese Verben verschiedene Tempora und Modi bilden. Die teils unregelmäßigen Stammformen werden in Klammern genannt.

Außerdem gibt es Verben, die nur **in einer bestimmten Bedeutung unpersönlich** sind:

cōnstat (cōnstitit)	es steht fest, es ist bekannt
iuvat (iūvit)	es freut
praestat (praestitit)	es ist besser
appāret (appāruit)	es ist offensichtlich
ēvenit (ēvēnit)	es ereignet sich
accidit (accidit)	es ereignet sich
contingit (contigit)	es ereignet sich
mē fallit (fefellit)	es entgeht mir
mē fugit (fūgit)	es entgeht mir
mē praeterit (praeteriit)	es entgeht mir

Formenlehre

Komposita

Ein großer Teil des lateinischen Wortschatzes besteht aus **Komposita** (**compōnere** *zusammenstellen*). Sie entstehen durch die Zusammensetzung eines beliebigen **Verbs** mit einer **Vorsilbe (Präfix)**. Als Ergebnis entsteht ein neues Verb mit einer veränderten Bedeutung. Auch im Deutschen gibt es viele Komposita.

pōnere	*setzen, stellen, legen*
dēpōnere	*ab*legen
compōnere	*zusammen*stellen

Bei manchen Verben wird der Konsonant am Ende der Vorsilbe **assimiliert**, indem er sich an den Anfangskonsonanten des einfachen Verbs angleicht oder ihm ähnlich wird, z.B. **appōnere** (statt **adpōnere**). Manchmal fällt er auch ganz weg, z.B. **dīmittere** (statt *****dismittere**).

Die Bildung der Komposita folgt bestimmten Bauprinzipien. Da immer wieder dieselben **Präfixe** in ähnlicher Bedeutung auftreten, kannst du den Lernaufwand der Vokabeln erheblich reduzieren, wenn du dir die **Bedeutung der Präfixe** einprägst. Dies sollte dir nicht besonders schwer fallen, da sie im Wesentlichen mit der Bedeutung der Präpositionen übereinstimmen.

ab-, ā-, abs-, as- ab-	*ab-, weg-, miss-*	**ā-vocāre** *ab-rufen*, **ab-dūcere** *weg-führen*
ad-, ac-, af-, ag-, ap-, ar-, at- an-	*zu-, hin-, an-, heran-*	**ac-cēdere** *heran-kommen*, **ad-esse** *dabei-sein*, **ad-venīre** *an-kommen*
ante-	*vor-, voran-*	**ante-cēdere** *voran-gehen*, **ante-pōnere** *vor-ziehen*
circum-	*um-, umher-*	**circum-dare** *um-geben*
cōn-, co-, col-, com-, cor-	*zusammen- (oder zur Verstärkung der eigentlichen Bedeutung)*	**com-pellere** *zusammen-treiben*, **com-movēre** *erregen*, **cōn-firmāre** *stärken*
dē-, dī-, dif-, dir-	*herab-, weg-, über- (oder zur Verstärkung der eigentlichen Bedeutung)*	**dē-scendere** *herab-steigen*, **dē-vincere** *(völlig) besiegen*, **dī-mittere** *weg-schicken*
dis-	*fort-, weg-, auseinander-*	**dis-cēdere** *auseinander-gehen*,
ē-, ex-, ef-	*aus-, heraus- (oder zur Verstärkung der eigentlichen Bedeutung)*	**ex-spectāre** *erwarten*, **ef-fugere** *entfliehen*

Komposita

in-, ig-, il-, im-, ir-	hin-, ein-, an-	**in-esse** *darin sein,* **ir-rumpere** *einbrechen*
inter-	zwischen-, unter-	**inter-esse** *(darunter sein), teilnehmen,* **inter-cēdere** *dazwischen kommen,* **inter-rumpere** *unter-brechen*
ne-, nec-, neg-	Verneinung	**ne-scīre** *nicht wissen,* **neg-legere** *nicht achten, ver-achten*
ob-, obs-, oc-, of-, op-	entgegen-	**ob-īre** *entgegen-gehen,* **oc-currere** *entgegen-laufen*
per-	durch- (oder zur Verstärkung der eigentlichen Bedeutung)	**per-spicere** *durchschauen,* **per-terrēre** *sehr erschrecken*
prae-	vor-, voraus-, voran-, vorbei-	**prae-scrībere** *vor-schreiben,* **prae-portāre** *voran-tragen*
praeter-	vorbei-	**praeter-īre** *vorbei-gehen,* **praeter-vehī** *vorbei-fahren*
prō-, prōd-	hervor-, vor-, voran-, voraus-	**prōd-īre** *hervor-gehen,* **pro-ficīscī** *vorrücken*
re-, red-	zurück-, wider-, entgegen-	**red-īre** *zurück-gehen,* **re-sistere** *wider-stehen*
sē-	Trennung (ent-, weg-)	**sē-cēdere** *weggehen,* **sē-parāre** *trennen*
sub-, suc-, sup- sus-	unter-, (von) unten	**sub-igere** *unter-werfen,* **sub-dūcere** *(darunter) wegziehen*
super-	über-, übrig-	**super-fluere** *über-fließen,* **super-esse** *übrig sein*
trāns-, trā-	hinüber-, über-	**trāns-gredī** *hinüber-gehen,* **trā-dere** *über-geben*

Formenlehre

Deponentien und Semideponentien

Deponentien (**dēpōnere** *ablegen*) sind Verben, die nur **passive Formen** bilden und trotzdem immer **aktive Bedeutung** haben. Sie kommen in allen Konjugationen vor und werden wie das Passiv anderer Verben ihrer Gruppe konjugiert. Im **Wörterbuch** erkennt man sie daran, dass sie immer in der **1.Pers. Sg. Präs. Pass. Ind.** genannt werden, wie z.B.:

profīcīsc**or**	aufbrechen, (ab)reisen
vers**or**	kreisen, sich aufhalten
sequ**or**	(nach)folgen, begleiten
hort**or**	ermahnen, auffordern

Im Infinitiv enden sie wie die passiven Infinitive aktiver Verben auf **-(r)ī**, wie **profīcīscī**, **versārī**, **sequī** und **hortārī**.

Deponentien bilden trotz ihrer passiven Erscheinung auch wenige Formen im Aktiv:

PPA	hortāns, -antis
Gerundium	hortandī (Gen.)
PFA	hortātūrus, -a, -um
Infinitiv Futur	hortātūrum esse

Als **Semideponentien** (**semi** kommt aus dem Griechischen und bedeutet „halb, zum Teil") werden Verben bezeichnet, die nur einen **Teil der Formen** (entweder im Präsens- oder Perfektstamm) **wie Deponentien** bilden.

Es gibt nur wenige Verben, die im **Präsensstamm** nur **aktive**, im **Perfektstamm** nur **passive** Formen bilden und **ausschließlich** eine **aktive Bedeutung** haben. Sie werden im Wörterbuch mit ihren Stammformen angegeben. Solche Verben sind die folgenden mit ihren Komposita:

audēre	audeō (ausus sum)	wagen
gaudēre	gaudeō (gāvīsus sum)	sich freuen
solēre	soleō (solitus sum)	gewohnt sein, pflegen
fīdere	fīdō (fīsus sum)	vertrauen, sich verlassen

Als „umgekehrtes" Semideponens kann man **revertī** mit den Stammformen **revertor – revertī** *zurückkehren* bezeichnen, das im **Präsensstamm passive**, im **Perfektstamm aktive** Formen bildet.

„Defektive" Verben

„Defektive" Verben (Verba dēfectiva)

Es gibt nur wenige Verben, die zu dieser Gruppe gehören. Sie werden als „defektiv" (**dēficere** *fehlen*) bezeichnet, weil sie **nicht alle Formen** bilden können. Manche Verben haben nur Formen im Perfektstamm, andere überhaupt nur wenige vereinzelte Formen. Sie werden in der Regel im Wörterbuch als „Verba dēfectiva" gekennzeichnet.

Verben, die nur Formen im Perfektstamm bilden, sind **ōdisse, meminisse** und **coepisse**:

ōdisse *hassen*			
ōdī	ich hasse	cum ōderim	da ich hasse
ōderam	ich hasste	ōdissem	ich würde hassen
ōderō	ich werde hassen	ōsūrus	einer, der hassen wird

meminisse *sich erinnern, gedenken*			
meminī	ich erinnere mich	cum meminerim	da ich mich erinnere
memineram	ich erinnerte mich	meminissem	ich würde mich erinnern
meminerō	ich werde mich erinnern	mementō(te)!	gedenke(t)!

coepisse *angefangen haben*
bildet die Formen beispielsweise im Präsensstamm wie **incipere** (PPP **coeptus** *angefangen*)

Die Verben **cōnsuēvisse** und **nōvisse** haben in den vom Perfektstamm abgeleiteten Formen eine andere Bedeutung:

cōnsuēvī (Inf. **cōnsuēvisse**)	*ich bin gewohnt* (eigtl. *ich habe mich daran gewöhnt* als Perfekt zu **cōnsuēscō**)
nōvī (Inf. **nōvisse**)	*ich kenne* (eigtl. *ich habe kennen gelernt* als Perfekt zu **nōscō**)

 Manche dieser Verben haben zwar nur Perfektformen, werden aber trotzdem mit dem Präsens übersetzt!

Formenlehre

Verben, die nur vereinzelte Formen bilden können, sind **āiō** und **inquam**:

āiō	*ich sage*	außerdem: **ais** *du sagst/sagtest,* **ait** *er sagt(e)* (auch Perfektbedeutung), **āiunt** *sie sagen,* **ut aiunt** *wie man sagt,* **ain'** (statt aisne)? *meinst du?* selten gebräuchlich sind die Formen **aiās, aiat** und **aiant** (Konjunktiv Präsens) und **aiēbam** etc. (Imp. Ind. Akt.) ▶ in die indirekte Rede eingeschoben
inquam	*ich sage*	außerdem: **inquis** *du sagst/sagtest,* **inquit** *er sagt(e)* (auch Perfektbedeutung), **inquiunt** *sie sagen,* **inquiēs** *du wirst sagen,* **inquiet** *er wird sagen* ▶ in die indirekte Rede eingeschoben

Einzelformen sind:

quaesō	*(ich) bitte*	**salvē, avē**	*sei gegrüßt!*	
quaesumus	*wir bitten*	**salvēte, avēte**	*seid gegrüßt!*	

Besondere Verbformen

Neben den besonderen Verbformen, die bereits genannt wurden, gibt es noch folgende Sonderformen, die in lateinischen Texten vorkommen:

Supin(um) I   Das **Supin I** kommt so **selten** vor, dass es in Texten, die in der Schule übersetzt werden, üblicherweise in den **Anmerkungen** angegeben wird. Es ist der Form nach identisch mit dem Nom. Sg. Neutr. des PPP, z.B. **laudātum**. Man übersetzt das Supin I mit *um zu* + Infinitiv, z.B. *„um zu loben"*. Es steht ausschließlich nach Verben der Bewegung wie z.B. *kommen* oder *schicken*.
spectātum venīre *zum Zuschauen kommen (kommen,* **um** *zu* **zuschauen)**
laudātum venīre *kommen,* **um zu** *loben*

Supin(um) II   Das **Supin II** endet auf **-ū**. Es wird gebildet, indem von der PPP-Form das **-m** weggestrichen wird, z.B. **laudātū**. Es wird mit *zu* + Infinitiv übersetzt, z.B. *„zu loben"*. Das Supin auf **-ū** steht nur nach bestimmten Adjektiven oder in festen Wendungen.
facilis/difficilis dictū *leicht/schwer zu sagen*
Das **Supin I** dient in Verbindung mit **īrī** als **Infinitiv Futur Passiv**. Er lässt sich im Deutschen meist besser im Präsens wiedergeben:
spērō eum laudātum īrī *ich hoffe, dass er gelobt (werden) wird*
Auch das **Supin II** kommt so selten vor, dass es in der Regel vom Herausgeber der Textausgaben für Schüler angegeben wird.

Besondere Verbformen

Merkhilfe zur Übersetzung des Supins: Beim Supin auf **-um** muss in der deutschen Übersetzung ein *um (zu)* möglich sein, beim Supin auf **-u** kommt immer ein *zu* vor.

Besondere Kurzformen von Verben:

Bei allen Verben kann in der **3. Pers. Pl. Perf. Ind.** die Endung -ērunt zu -ēre verkürzt werden, wenn dadurch keine Mehrdeutigkeit entsteht, d.h. **laudāvēre** statt **laudāvērunt** ist möglich, aber nicht **defendēre** (im Schriftbild Verwechslungsgefahr mit dem Infinitiv!).

Im gesamten **Präsensstamm des Passivs** kann in der **2. Pers. Sg.** die Endung **-ris** zu **-re** verkürzt werden, wenn dadurch keine Mehrdeutigkeit entsteht, z.B. **agitābāre** statt **agitābāris**. Merke: Wenn dir eine Form auf **-re** fremd erscheint, immer hieran denken!

Vor **-r-** und **-s-** fällt manchmal bei Formen des **v-Perfekts** wie **amāvērunt** oder **audīvissem** die Silbe **-ve-** bzw. **-vi-** vor der Endung weg, wenn sich dadurch keine Mehrdeutigkeit ergibt, z.B. **amāstī** statt **amāvistī**.

In der **i-Konjugation** und der **konsonantischen Konjugation** fällt gelegentlich **-v-** vor **-ēr-** aus: **audīvērunt = audiērunt, petīvērunt = petiērunt**

Besondere Imperativformen ohne **-e** bilden **dīcere** *sagen, sprechen,* **dūcere** *führen,* **facere** *machen* und **ferre** *tragen, bringen;* sie lauten **dīc! dūc! fac! fer!**

Als Infinitiv Futur von **esse** wird häufig die nicht flektierbare Form **fore** statt **futūrum esse** verwendet.

Formenlehre

Stammformen wichtiger Verben

In der folgenden Liste finden sich Stammformen wichtiger Verben; diese Liste hat keinen Vollständigkeitsanspruch.

Die sogenannten Stammformen enthalten folgende Formen:
- **Infinitiv** (z.B. **laudāre** *loben*) –
- **1. Person Singular Indikativ Präsens Aktiv** (z.B. **laudō** *ich lobe*)
- **1. Person Singular Indikativ Perfekt Aktiv** (z.B. **laudāvī** *ich lobte, ich habe gelobt*)
- **Partizip Perfekt Passiv Neutrum Singular** (z.B. **laudātum** *gelobt*).

A- KONJUGATION				
v-Perfekt				
laudāre	laudō	laudāvī	laudātum	*oben*
Reduplikationsperfekt				
stāre	stō	stetī	–	*stehen*
cōnstāre	cōnstō	cōnstitī	–	*bestehen, kosten*
wie **cōnstāre** werden alle Komposita von **stāre** konjugiert				
dare	dō	dedī	datum	*geben*
Dehnungsperfekt				
adiuvāre	adiuvō	adiūvī	adiūtum	*helfen*

Stammformen

E- KONJUGATION

v-Perfekt

| dēlēre | dēleō | dēlēvī | dēlētum | *zerstören* |

u-Perfekt

habēre	habeō	habuī	habitum	*haben*
monēre	moneō	monuī	monitum	*mahnen*
tenēre	teneō	tenuī	–	*halten*
abstinēre	abstineō	abstinuī	–	*sich enthalten*

wie **abstinēre** werden alle Komposita von **tenēre** konjugiert

s-Perfekt

| iubēre | iubeō | iussī | iussum | *befehlen* |

Reduplikationsperfekt

| pendēre | pendeō | pependī | – | *hängen* |

Dehnungsperfekt

| movēre | moveō | mōvī | mōtum | *bewegen* |
| vidēre | videō | vīdī | vīsum | *sehen* |

wie **vidēre** werden auch die Komposita dieses Verbs konjugiert

I- KONJUGATION

v-Perfekt

| audīre | audiō | audīvī | audītum | *hören* |

u-Perfekt

| aperīre | aperiō | aperuī | apertum | *öffnen* |

s-Perfekt

| sentīre | sentiō | sēnsī | sēnsum | *fühlen* |

Dehnungsperfekt

| venīre | veniō | vēnī | ventum | *kommen* |

Formenlehre

KONSONANTISCHE KONJUGATION				
v-Perfekt				
petere	petō	petīvī	petītum	*erstreben*
wie **petere** werden alle Komposita dieses Verbs konjugiert				
u-Perfekt				
pōnere	pōnō	posuī	positum	*setzen, stellen, legen*
wie **pōnere** werden alle Komposita dieses Verbs konjugiert				
s-Perfekt				
scrībere	scrībō	scrīpsī	scrīptum	*schreiben*
dūcere	dūcō	dūxī [x = k+s]	ductum	*führen*
wie **dūcere** werden alle Komposita dieses Verbs konjugiert				
dīcere	dīcō	dīxī [x = k+s]	dictum	*sagen*
wie **dīcere** werden alle Komposita dieses Verbs konjugiert				
regere	regō	rēxī [x = k+s]	rēctum	*leiten*
wie **regere** werden alle Komposita dieses Verbs konjugiert				
vīvere	vīvō	vīxī [x = k+s]	–	*leben*
gerere	gerō	gessī	gestum	*tragen, führen*
mittere	mittō	mīsī	missum	*schicken*
wie **mittere** werden alle Komposita dieses Verbs konjugiert				
Reduplikationsperfekt				
cadere	cadō	cecidī	–	*fallen*
caedere	caedō	cecīdī	caesum	*niederhauen*
currere	currō	cucurrī	cursum	*rennen*
Dehnungsperfekt				
agere	agō	ēgī	āctum	*handeln, tun*
legere	legō	lēgī	lēctum	*lesen*
dēligere	dēligō	dēlēgī	dēlēctum	*auswählen*
wie **dēligere** werden alle Komposita von **legere** konjugiert				
Perfekt ohne Stammveränderung				
dēfendere	dēfendō	dēfendī	dēfēnsum	*verteidigen*
prehendere	prehendō	prehendī	prehēnsum	*ergreifen*
wie **prehendere** werden alle Komposita dieses Verbs konjugiert				

Stammformen

KONSONANTISCHE KONJUGATION (I-STÄMME)				
v-Perfekt				
cupere	cupiō	cupīvī	cupītum	*wünschen*
u-Perfekt				
rapere	rapiō	rapuī	raptum	*rauben*
aspicere	aspiciō	aspexi [x=k+s]	aspectum	*erblicken*
Dehnungsperfekt				
capere	capiō	cēpī	captum	*fassen*
accipere	accipiō	accēpī	acceptum	*annehmen*
wie **accipere** werden alle Komposita von **capere** konjugiert				
facere	faciō	fēcī	factum	*machen*
efficere	efficiō	effēcī	effectum	*bewirken*
wie **efficere** werden die meisten Komposita von **facere** konjugiert				

Man sieht es den Verben der konsonantischen Konjugation nicht an, ob sie zu den so genannten i-Stämmen (auch: Verben mit i-Erweiterung) gehören oder nicht. Erst die erste Stammform nach dem Infinitiv macht dies deutlich: z.B. cup**iō**.

Formenlehre

13 Zeitstufen

Jeder Sprecher sieht den Vorgang, den er schildert, in einem zeitlichen Verhältnis zu sich. Wie im Deutschen werden auch im Lateinischen diese **Zeitstufen** mit Hilfe verschiedener Tempora wiedergegeben.

Perfektzeiten	Cuniculus caesus est.	*Das Kaninchen wurde geschlachtet.*
Präsens	Cuniculus caeditur.	*Das Kaninchen wird geschlachtet.*
Futur	Cuniculus caedetur.	*Das Kaninchen wird geschlachtet werden.*

Das lateinische **Präsens** kennzeichnet gegenwärtige Handlungen oder Feststellungen, die für die Gegenwart gelten, das **Futur** eine zukünftige Handlung. Das Präsens wird in der Regel als solches ins Deutsche übersetzt, während das Futur in manchen Fällen ohne Bedeutungsunterschied als Präsens übersetzt werden kann.

 Eine Besonderheit ist das **Historische Präsens** (**praesēns historicum**): In erzählenden Texten kann an besonders spannenden Stellen das Präsens verwendet werden, obwohl sich das erzählte Geschehen in der Vergangenheit zugetragen hat. Bei der Übersetzung vom Lateinische ins Deutsche gibt man es immer im Präteritum wieder. Das historische Präsens kommt auch im Deutschen als Stilmittel vor.

Gestern war ich in der Stadt unterwegs. Auf einmal kommt ein Mann auf mich zu. Ich reagiere überrascht. Er bleibt stehen und spricht mich an … usw.

Imperfekt (unvollendete Vergangenheit) und **Perfekt** (vollendete Vergangenheit) erscheinen in lateinischen Texten stets nebeneinander. Während sie im Deutschen beide gleichermaßen mit dem Präteritum oder Perfekt übersetzt werden können, dient das lateinische **Imperfekt** zur Darstellung von

- Handlungen, die der Sprecher in der Vergangenheit zwar begonnen hat, die aber Auswirkungen auf die Gegenwart haben: **lineares Imperfekt** (**līnea** *Linie*),
- in der Vergangenheit **andauernder, nicht abgeschlossener Handlungen, die im Versuch steckenblieben**: **konatives Imperfekt** (**c nāri** *versuchen*),
- sich in der Vergangenheit immer wieder wiederholenden Handlungen: **iteratives Imperfekt** (**iterāre** *wiederholen*).

Zeitstufen

Aufgrund dieser Bedeutungsnuancen des Imperfekts wäre es unsinnig, den folgenden lateinischen Satz zu bilden:

Cunīculum caedēbam.
Ich schlachtete das Kaninchen.

Es ist nämlich unwahrscheinlich,
- dass der Sprecher zum Zeitpunkt der Aussage noch mit dem Schlachten des Kaninchens beschäftigt war,
- dass er immer wieder versuchte, das Kaninchen zu schlachten, es jedoch nicht geschafft hat,
- dass er das Kaninchen mehrmals hintereinander geschlachtet hat.

Um die Tatsache des Schlachtens in der Vergangenheit zu verdeutlichen, wird im Lateinischen das **Perfekt** (vollendete Vergangenheit) verwendet. Das **Perfekt** wird im Gegensatz zum Imperfekt zur Beschreibung abgeschlossener, einmaliger Ereignisse eingesetzt, die

- zwar vergangen sind, den Sprecher aber zum Zeitpunkt der Aussage noch unmittelbar angehen und daher mit dem gerade Gesagten in direktem Zusammenhang stehen: **präsentisches Perfekt**,
- der Sprecher einem anderen Sprecher erzählt, unabhängig davon, ob er sich zu diesem Zeitpunkt noch betroffen fühlt oder nicht: **historisches Perfekt**.

PRÄSENTISCHES PERFEKT (AUCH: RESULTATIVES PERFEKT)	
Cum cunīculō lūdere amāvī.	*Ich habe es geliebt mit dem Kaninchen zu spielen. (Jetzt ist es tot.)* Diese Aussage könnte der Sprecher im Zusammenhang mit der gegenwärtigen Klage über den Tod des Kaninchens machen.
HISTORISCHES PERFEKT	
Tum cunīculum cecīdit.	*Dann schlachtete er das Kaninchen.* Der Sprecher erzählt, was passiert ist. Es bleibt ihm überlassen, ob er es kommentiert oder in Zusammenhang zur Gegenwart stellt.

Das **Perfekt** ist im Lateinischen das bevorzugte **Erzähltempus**. Es entspricht dem deutschen **Präteritum** (im Deutschen verwendet man statt **Imperfekt** den Begriff **Präteritum**, weil es – anders als im Lateinischen – nicht nur die unvollendete Vergangenheit bezeichnet). Das **Präteritum** (*ich schlachtete, du schlachtetest* usw.) kommt umgangssprachlich zwar selten vor, ist aber in der Schriftsprache das übliche Tempus für **Berichte und Erzählungen** (z.B. in Romanen oder Märchen ▯ vgl. Erzählformeln wie *Es war einmal ...* oder *Sie lebten glücklich und zufrieden*

Formenlehre

bis ans Ende ihrer Tage.). Daher wird das präsentische Perfekt mit dem deutschen Perfekt oder Präteritum, das historische Perfekt am zutreffendsten mit dem Präteritum wiedergegeben.

 An bestimmten Stellen einer Erzählung steht im Lateinischen statt der 3. Pers. Sg. oder Pl. des Perfekts der **Historische Infinitiv**. Er wird als Stilmittel eingesetzt, um Spannung, Verblüffung, Verwirrung oder ähnliche Gefühlszustände auszudrücken.

Pater cunīculum cecīdit. Deinde flēre, clāmāre, mente aliēnārī.
Der Vater schlachtete das Kaninchen. Schließlich weinte er, schrie und verfiel in Wahnsinn.

Wird der zeitliche Ablauf einer Handlung – wie in den obigen Beispielen in der Tabelle – aus der Perspektive des Sprechers geschildert, spricht man vom **absoluten Tempusgebrauch**.

14 Zeitverhältnisse

Ein Geschehen kann nicht nur aus der zeitlichen Perspektive des Sprechers betrachtet und **absolut** wiedergegeben werden. Mehrere Handlungen können auch zueinander in Bezug gesetzt werden. Man spricht vom **relativen Tempusgebrauch**, wenn sich die Zeitstufe des Prädikats im Gliedsatz nach der des übergeordneten Satzes richtet und dadurch ein **zeitlicher Zusammenhang** zwischen den Geschehnissen hergestellt wird.

Während im Deutschen die Zeitenfolge in Satzgefügen nicht einheitlich bestimmt ist, folgt sie im Lateinischen strengen Regeln, die sich für indikativische und konjunktivische Gliedsätze unterscheiden. Ob ein **absolutes** oder **relatives** Tempus gesetzt wird, hängt von der Art des Gliedsatzes ab.

Drei Zeitverhältnisse können zum Ausdruck gebracht werden:

Vorzeitigkeit	Gleichzeitigkeit	Nachzeitigkeit

Relativer Tempusgebrauch in indikativischen Gliedsätzen: Gleichzeitgkeit

Soll der **gleichzeitige Ablauf** zweier Handlungen ausgedrückt werden, steht in Haupt- und Gliedsatz dasselbe Tempus.

Dum pater cuniculum caedit, māter flet.
Während der Vater das Kaninchen tötet, weint die Mutter.

 Das lateinische Futur kann manchmal ohne Bedeutungsunterschied im Deutschen mit dem Präsens wiedergegeben werden.

Māter dīxit: Sī cunīculum caedēs, eum edēmus.
Die Mutter sagte: Wenn du das Kaninchen schlachten wirst/schlachtest, essen wir es.
(statt: *werden wir es essen.*)

Formenlehre

Vorzeitigkeit

Ist die Handlung des Gliedsatzes gegenüber der Handlung im Hauptsatz **vorzeitig**, richtet sich die Zeitstufe nach dem Prädikat des Hauptsatzes.

Prädikat im Hauptsatz	Prädikat im (vorzeitigen) Nebensatz
Präsens ☐	Perfekt
Futur ☐	Futur II
Präteritum ☐	Plusquamperfekt

Die Zeitverhältnisse anhand einiger Beispielsätze:

PRÄDIKAT IM (VOR-ZEITIGEN) NEBENSATZ	PRÄDIKAT IM HAUPTSATZ
Perfekt	Präsens
Qui cuniculum cecidit, tristis est.	
Wer ein Kaninchen schlachtete, ist traurig.	
Futur II	Futur
Qui cuniculum ceciderit, tristis erit.	
Wer ein Kaninchen geschlachtet hat, wird traurig sein.	
(wörtlich: geschlachtet haben wird),	
Plusquamperfekt	Imperfekt
Qui cuniculum ceciderat, tristis erat.	
Wer ein Kaninchen geschlachtet hatte, war traurig.	

Das **Futur II** wird im Deutschen (wie im zweiten Beispielsatz) oft mit dem **Perfekt** wiedergegeben.

Nachzeitgkeit

Eine Gliedsatzhandlung kann auch **nachzeitig** gegenüber dem Hauptsatz sein. Dieses Zeitverhältnis kommt vor allem bei Gliedsätzen vor, die mit **antequam** oder **priusquam** eingeleitet werden.

Antequam cuniculum caedētur, vitulum ēdero.
Bevor das Kaninchen geschlachtet werden wird, werde ich das Kalb gegessen haben.

Bei der Übersetzung nachzeitiger Handlungen sind keine Besonderheiten zu beachten. Daher dürfte sie dir nicht schwer fallen.

Zeitverhältnisse

Absoluter Tempusgebrauch in indikativischen Gliedsätzen

In manchen Gliedsätzen ist der Tempusgebrauch vom Verb des übergeordneten Satzes unabhängig. Der absolute Tempusgebrauch kommt in **Temporalsätzen** vor, die mit folgenden Konjunktionen eingeleitet werden:

cum *als plötzlich* (nur in dieser Bedeutung!)	**cum primum** *sobald als*
postquam *nachdem*	**dum** *während, solange (als)*
ut *als*	**dōnec** *solange (als)/(bis)*
ubi *sobald als*	**quoad** *so weit (als), inwiefern*

Irritierend ist für uns dieser Gebrauch vor allem dann, wenn das Prädikat des übergeordneten Satzes in der Vergangenheit steht. Auch dann nämlich wird z.B. das Präsens zum Ausdruck der Gleichzeitigkeit verwendet, das Perfekt zum Ausdruck der Vorzeitigkeit:

Dum cuniculum caeditur, librum lēgī.
Während das Kaninchen geschlachtet wurde, las ich ein Buch.

Postquam cuniculum caesum est, liberī cum ave lūdēbant.
Nachdem das Kaninchen geschlachtet worden war, spielten die Kinder mit dem Vogel.

 In Nebensätzen, die mit **nachdem** eingeleitet werden, steht im Deutschen immer das **Plusquamperfekt**, wenn im übergeordneten Hauptsatz eine Vergangenheitsform gebraucht wird. Übersetze daher (wie im obigen Beispielsatz) auch andere lateinische Tempora mit dem deutschen Plusquamperfekt!

Außerdem findet man den unabhängigen Tempusgebrauch in kommentierenden Nebensätzen (vor allem in Relativ- und Kausalsätzen).

Tum liberī cum cuniculō lūserant, quī, ut scitis, caesus est.
Damals hatten die Kinder mit dem Kaninchen gespielt, das, wie ihr wisst, geschlachtet worden ist. Obwohl das Kaninchen geschlachtet wurde, nachdem die Kinder mit ihm gespielt hatten, wird die Nachzeitigkeit der Nebensatzhandlung nicht ausgedrückt.

Formenlehre

Relativer Tempusgebrauch in konjunktivischen Gliedsätzen

Die Zeitenfolge in konjunktivischen Gliedsätzen ist streng geregelt. Wichtig für den Tempusgebrauch im konjunktivischen Gliedsatz ist, ob es sich im übergeordneten Hauptsatz um ein Prädikat im **Haupt-** oder **Nebentempus** handelt. Als Haupttempora werden Präsens, Futur und präsentisches Perfekt, als Nebentempora alle Vergangenheitsformen (außer dem präsentischen Perfekt) betrachtet.

ÜBERGEORDNETER SATZ	ABHÄNGIGER SATZ		
	Vorzeitigkeit	**Gleichzeitigkeit**	**Nachzeitigkeit**
Präsens/Futur	Perfekt	Präsens	**-ūrus sim**
Vergangenheitstempus	Plusquamperfekt	Imperfekt	**-ūrus essem**

Da es keinen lateinischen Konjunktiv des Futurs gibt, wird die Nachzeitigkeit durch das umschriebene Futur ausgedrückt.

Liberī quaerunt, cūr pater cunīculum caesūrus sit.
Die Kinder fragen, warum der Vater das Kaninchen schlachten wird.

Liberī quaerunt, cūr pater cunīculum cecīderit.
Die Kinder fragen, warum der Vater das Kaninchen geschlachtet hat.

Liberī quaerunt, cūr pater cunīculum caedat.
Die Kinder fragen, warum der Vater das Kaninchen schlachtet.

Besonderheit:
Die Nachzeitigkeit wird in der Regel nur in abhängigen Fragesätzen und Sätzen, die mit **nōn dubitō quīn** *es besteht kein Zweifel, dass* eingeleitet werden, beachtet. Andere Nebensätze werden als gleichzeitig behandelt. Die Beziehung auf die Zukunft wird oft durch Zeitadverbien wie **mox** *bald* oder **brevī (tempore)** *in Kürze* ausgedrückt.

▶ Wann in den verschiedenen Gliedsatzarten der Konjunktiv gebraucht wird, erfährst du in den einzelnen Kapiteln zu den **Gliedsätzen**.

Modi

15 Die Modi

Im Lateinischen gibt es wie im Deutschen **drei Modi** (Aussageweisen). Es hängt von der Haltung des Sprechers zu seiner Aussage ab, ob ein Verb im **Indikativ** (Wirklichkeitsform), **Konjunktiv** (Möglichkeitsform) oder **Imperativ** (Befehlsform) gebraucht wird.

- Fasst ein Sprecher das, was er sagt, als **wirklich** auf, steht der **Indikativ**.
- Hält ein Sprecher seine Aussage für **möglich**, **nicht wirklich** oder formuliert er einen **Wunsch**, steht eine Verbform im **Konjunktiv**.
- Mit dem **Imperativ** erteilt er einen **Befehl** an eine angesprochene Person oder Personengruppe (in der 2. Person Singular oder Plural, selten in der 3.).

▶ Im folgenden Kapitel geht es um den Gebrauch von Indikativ und Konjunktiv im Lateinischen. Über die Bildung und Verwendung des **Imperativs** erfährst du im entsprechenden Kapitel der **Formenlehre** und im Kapitel zu den **Aufforderungssätzen**.

Der Indikativ

Die Verwendung des Indikativs stimmt im Wesentlichen im Lateinischen und Deutschen überein. Es sind jedoch folgende Abweichungen zu beachten:

- Der Indikativ steht im Lateinischen auch bei **nicht wirklichem** Geschehen bei Ausdrücken des **Könnens**, **Sollens**, **Müssens** und bei **Bewertungen**.

    Decuit eum cunīculum caedere.
    Es gehörte sich, dass er das Kaninchen schlachtet.
    oder
    Es hätte sich gehört, dass er das Kaninchen schlachtet.

Ähnliche konjunktivische Varianten kommen u.a. bei folgenden Verben und Wendungen vor:

possum/poteram	*ich könnte/ich hätte können*
dēbeō/dēbēbam, dēbuī	*ich müsste/ich hätte müssen*
oportet/oportēbat, oportuit	*es würde sich gehören/es hätte sich gehört*
tuum/meum est	*es wäre deine/meine Aufgabe*

Formenlehre

- Der lateinische Indikativ wird mit dem deutschen Konjunktiv übersetzt, wenn ein wirkliches Geschehen als unerwartet beurteilt wird, z.B. **numquam putāvi** *ich hätte niemals geglaubt*

- Anstelle des Konjunktivs wird der Indikativ bei rhetorischen Fragen gebraucht, die eine bestimmte Aussage enthalten, z.B. **quis dubitat…?** *Wer möchte zweifeln…?*

Der Konjunktiv

Der Konjunktiv drückt aus, dass ein Geschehen als **möglich**, **erwünscht** oder **nicht wirklich** aufgefasst wird. Im Deutschen tritt er überwiegend in **Gliedsätzen** zur Kennzeichnung der **indirekten Rede** oder eines **Begehrens** in Erscheinung.

Durch den Konjunktiv in der indirekten Rede wird kenntlich gemacht, dass es sich nicht um eine Angabe des Sprechers, sondern um die Aussage einer anderen Person handelt.

*Paul sagte, er **habe** die Schule wegen einer Physikarbeit **geschwänzt**.*

*Die Lehrerin forderte, die Mutter **solle** den Sohn unverzüglich zum Nachschreibetermin **schicken**.*

Im **Hauptsatz** kennzeichnet der Konjunktiv eine Aussage als **unwirklich** (**irreal**).

*Wenn Paul seine Freizeit mehr zum Lernen nützen würde, **wäre** er durchaus ein guter Schüler.*

Diese Verwendung des Konjunktivs im **Hauptsatz** gibt es im Lateinischen auch. Darüber hinaus wird er im Lateinischen jedoch noch in vielen anderen Zusammenhängen eingesetzt. Die folgende Tabelle gibt dir einen Überblick über die verschiedenen Arten des Konjunktivs im **Hauptsatz** und seine angemessene Übertragung ins Deutsche.

Modi

KONJUNKTIV PRÄSENS

aliquis dīcat
irgendeiner könnte sagen

Potentialis der Gegenwart (**potestās** *Möglichkeit*):
drückt eine **Annahme/Vermutung** aus.

eāmus!
lasst uns gehen!
(immer 1.Pers.Pl.!)

Hortativ (hortārī *auffordern*):
dient der **Aufforderung** an die **1. Pers.Pl.**

abeat!
er soll gehen!
(immer 3. Pers.!)
abeant!
sie sollen gehen!

Iussiv (iubēre *befehlen*):
dient der **Aufforderung** an die **3. Pers.Sg.** oder **Pl.**

quid faciam?
Was soll ich tun?

Deliberativ/Dubitativ (dēliberāre *erwägen*, **dubitāre** *zweifeln, zögern*) der Gegenwart:
dient zur **Formulierung einer Überlegung oder eines Zweifels** an die eigene Person gerichtet.

(utinam) salvus redeat! *(Hoffentlich) kommt er gesund zurück!*

Optativ der Gegenwart (**optāre** *wünschen*):
äußert einen **erfüllbaren Wunsch der Gegenwart.**

KONJUNKTIV IMPERFEKT

dīceret aliquis
irgendjemand hätte sagen können
crēderēs/dīcerēs
man hätte glauben bzw. sagen können

Potentialis der Vergangenheit:
drückt eine **Möglichkeit** in der Vergangenheit aus.

facerem
ich würde handeln

Irrealis der Gegenwart:
formuliert eine **Erwägung**, die nicht in Wirklichkeit eintreten wird.

quid facerem?
Was hätte ich tun sollen?

Deliberativ/Dubitativ der Vergangenheit:
dient zur Formulierung einer Überlegung oder eines Zweifels an die eigene Person gerichtet über einen Sachverhalt, der in der Vergangenheit liegt.

(utinam) pater vīveret!
Wenn doch mein Vater noch leben würde!

Optativ (Konjunktiv Imperfekt):
äußert einen **unerfüllbaren gegenwärtigen Wunsch.**

Formenlehre

KONJUNKTIV PERFEKT	
dīxerit aliquis *jemand könnte sagen*	**Potentialis** der Gegenwart (Bedeutungsgleich mit Konjunktiv Präsens)
nē dubitāveris! *zweifle nicht!*	**Prohibitiv:** verneinter Imperativ
(utinam) salvus redierit! *(Hoffentlich) ist er gesund zurückgekehrt!*	**Optativ:** äußert einen erfüllbaren Wunsch der Vergangenheit.

KONJUNKTIV PLUSQUAMPERFEKT	
fēcissem *ich hätte gehandelt*	**Irrealis** der Vergangenheit: formuliert eine verpasste Handlungsmöglichkeit in der Vergangenheit.
(utinam) pater vīdisset! *Wenn das (doch) mein Vater hätte sehen können!*	**Optativ:** unerfüllter Wunsch der Vergangenheit

 Der **Konjunktiv in Gliedsätzen** spielt im Lateinischen eine wichtige Rolle, weil er sich vom deutschen Sprachgebrauch in vielerlei Hinsicht unterscheidet. In manchen Nebensatzarten steht im Lateinischen beispielsweise generell ein Konjunktiv, der in der deutschen Übersetzung nicht wiedergegeben wird.

- Der Konjunktiv steht in abhängigen irrealen Konditionalsätzen, abhängigen Begehrsätzen, abhängigen Fragesätzen, abhängigen Adverbialsätzen und in manchen Relativsätzen.
- Manche lateinische Konjunktionen verlangen den Konjunktiv, der nicht als solcher übersetzt wird, u.a. **ut/ut nōn** *dass (nicht), damit (nicht)*, **nē** *dass nicht*, **cum** *als, nachdem, obwohl, immer wenn.*

▶ Weitere Informationen dazu, wann im lateinischen Gliedsatz der **Konjunktiv** verwendet und wie dieser übersetzt wird, erhältst in den Kapiteln zu den verschiedenen **Gliedsatzarten**!

Satzlehre

Teil II: Satzlehre

Im ersten Teil der Grammatik kannst du nachlesen, wie die verschiedenen Formen der Nomen und Verben gebildet werden, welche Funktion sie haben und wie sie angemessen ins Deutsche übersetzt werden können. Der Schwerpunkt liegt auf dem einzelnen Wort und seiner Bedeutung. Im nun folgenden Teil geht es nicht mehr um die **Semantik** (Bedeutungslehre), sondern um die **Syntax** (Satzlehre). Hier erfährst du einiges über die Funktion des einzelnen Wortes innerhalb des Satzes, über die verschiedenen **Satzglieder** und über die Bauprinzipien der lateinischen Sprache.

In der Einleitung des Kapitels zum Thema *Verben* wurde bereits angesprochen, dass ein finites Verb allein einen grammatisch vollständigen Satz ergeben kann. Dies funktioniert, weil nicht nur Tempus, Modus und Aktionsart (Aktiv oder Passiv) im Prädikat enthalten sind, sondern auch die handelnde Person oder ein Gegenstand, der das Subjekt des Satzes bildet.

Subjekt und **Prädikat** sind die Grundpfeiler eines deutschen und eines lateinischen Satzes. Viele Sätze werden jedoch durch weitere Informationen ergänzt: Dies geschieht durch die **obliquen Kasus** Genitiv, Dativ, Akkusativ, Ablativ, durch Adverbien, **Präpositionalwendungen**, die **Nominalformen des Verbums** durch **Gliedsätze**, **Relativsätze** oder **Attribute**.

Abl.abs., P.c., AcI, NcI ...

Diese und andere Abkürzungen verwendet der Lateinlehrer so selbstverständlich, als würde es sich um deutsche Hauptstädte oder Flüsse handeln. Dir kommen sie eher vor wie böhmische Dörfer oder Nebenflüsse der Elbe? Dies wird sich mit Teil II ändern.

Es geht unter anderem um Möglichkeiten der **Satzergänzung**, die besondere Spezialitäten des Lateinischen darstellen. Natürlich gleichen diese Varianten in mancherlei Hinsicht den deutschen. Es gibt jedoch auch Abweichungen, die uns im ersten Moment sehr fremd und kompliziert erscheinen, die aber – bei genauerem Hinsehen und ein bisschen Übung – gar nicht mehr so schwierig zu übersetzen sind.

Das Kapitel beginnt mit den Möglichkeiten der **Satzergänzung durch die Kasus**, die dir beim Übersetzen weniger Schwierigkeiten bereiten dürften als die **satzwertigen Konstruktionen**, die im Anschluss daran vorgestellt werden.

Satzlehre

16 Bestandteile eines Satzes

Subjekt und **Prädikat** sind die Grundelemente des einfachen Satzes. Im Lateinischen ist das Subjekt durch die Personalform im Prädikat enthalten, daher kann eine finite Verbform allein einen vollständigen Satz ergeben.

Appropinquō. *Ich nähere mich.*

In vielen lateinischen Sätzen wird das Subjekt durch ein im Nominativ stehendes Subjektswort zusätzlich genannt. Substantiv, substantiviertes Adjektiv, Pronomen, Zahlwort, substantivierter Infinitiv, Partizipien, AcI, NcI und Gliedsätze können diese syntaktische Funktion übernehmen. Wenn es sich um ein unpersönliches Verb handelt, bleibt das Subjekt unbestimmt.

Iuvat. *Es erfreut.*

Neben **einfachen Prädikaten** (wie in den beiden Beispielsätzen) kommen auch **zusammengesetzte Prädikate** vor, die aus einem **Hilfsverb** (wie **esse** *sein* oder **manēre** *bleiben*) und einem **Prädikatsnomen** bestehen. Als Prädikatsnomen erscheint meist ein Substantiv oder Adjektiv im Nominativ.

Animal cunīculus est. *Das Tier ist ein Kaninchen.*
Cunīculus albus est. *Das Kaninchen ist weiß.*

Auch Gerundivum und Partizip kommen als Prädikatsnomen vor.

Puer laudandus est. *Der Junge muss gelobt werden (wörtlich: ist ein zu lobender).*
Puer laudātus est. *Der Junge wurde gelobt.*

Ob ein Satz, der aus Subjekt und Prädikat besteht (wie die obigen Beispiele), grammatisch vollständig ist oder nicht, hängt von der **Valenz** (Wertigkeit) des Verbums ab. Die meisten Verben erfordern **zwei Satzglieder**: ein Subjekt und ein Objekt.

Fēlis cunīculum persequitur. *Die Katze verfolgt das Kaninchen.*

Ohne das Akkusativobjekt **cunīculum** wäre dieser Satz nicht vollständig. Es gibt sogar Verben, die nach **drei Ergänzungen** verlangen.

Pater puerō cunīculum dōnat. *Der Vater schenkt dem Jungen ein Kaninchen.*

Satzergänzungen

Das Verb **dōnāre** *schenken* lässt nicht nur die Nennung der beschenkten Person im **Dativ** (auf die Frage *wem?*), sondern auch die Erwähnung des Geschenks im **Akkusativ** (auf die Frage *wen/was?*) erwarten.

▶ Mehr zum Thema Satzergänzungen durch Kasus erfährst du in den Kapiteln zu den einzelnen **Kasus**!

17 Möglichkeiten der Satzergänzung

Man unterscheidet zwischen notwendigen Satzgliedern, den **Satzergänzungen**, und zusätzlichen, **freien Angaben**, ohne die der Satz trotzdem grammatisch vollständig wäre.

Als Satzergänzungen und freie Angaben treten **Kasusformen**, **Präpositionalwendungen**, **Nominalformen des Verbums**, **Nebensätze**, **Attribute** und **Adverbiale** in Erscheinung.

Attribute

Als Attribute (**attribuere** *zuteilen*) werden Satzglieder bezeichnet, die nicht vom Prädikat abhängen, sondern zu einem **Nomen** gehören und dieses näher bestimmen. **Adjektive**, **Pronomen**, **Zahlwörter** und **Nominalformen des Verbums** können als Attribute erscheinen. Sie antworten auf die Frage *was für einer? welcher?* und stehen mit ihrem Bezugswort in **KNG-Kongruenz**.

Ein Substantiv im gleichen Kasus, das als Attribut auftritt, wird als **Apposition** (**appōnere** *hinzufügen*) bezeichnet. Sie wird meist durch Kommata abgetrennt.

Caesar, fēlis puerī, cunīculum album persequitur.
Caesar, die Katze des Jungen, verfolgt das weiße Kaninchen.

Genitivattribute, Ablativattribute und Präpositionalattribute sind hingegen **nicht** mit ihrem Bezugswort **kongruent**.

fēlis puerī	*die Katze des Jungen*	(Genitivattribut)
cunīculus summā pulchritūdine	*ein Kaninchen von besonderer Schönheit*	(Ablativattribut)
remōtus ā culpā esse	*frei von Schuld sein*	(Präpositionalattribut)

Satzlehre

Ein Adjektiv kann sich als Attribut auch auf mehrere Substantive beziehen. Wenn die Bezugswörter sich im Genus unterscheiden, richtet es sich in Kasus, Numerus und Genus nach dem nächststehenden Bezugswort.

vir summā pulchritūdine et fortitūdine
ein Mann von außerordentlicher Schönheit und Tapferkeit

▶ Ein Relativsatz dient häufig zur näheren Erläuterung eines Nomens. Mehr dazu erfährst du im Kapitel zu den **Relativsätzen**!

Das Prädikativum

Als Prädikativum beschreibt ein Substantiv oder Adjektiv den **Zustand** einer Person oder Sache **zum Zeitpunkt der Verbalhandlung**. Es steht im Lateinischen in Kongruenz zu seinem Bezugswort.

Cunīculus *inopīnāns* ā patre caesus est.
Das Kaninchen wurde nichts ahnend vom Vater geschlachtet.

Folgende Adjektive treten häufig in prädikativer Funktion auf:

absēns, -ntis	*abwesend, in Abwesenheit*	**libēns, -entis**	*gern*
praesēns, -ntis	*anwesend, in Anwesenheit*	**inopīnāns, -ntis**	*nichtsahnend*
nūdus, -a, -um	*unbekleidet, nackt*	**vīvus, -a, -um**	*zu Lebzeiten*
miser, -a, -um	*traurig*	**sōlus, -a, -um**	*allein*

Tritt ein Substantiv als Prädikativum auf, muss in der deutschen Übersetzung häufig ein „als" hinzugefügt werden.

Pater *senex* multōs cunīculōs cecīdit.
Als alter Mann schlachtete der Vater viele Kaninchen.

Amtsbezeichnungen wie **cōnsul** *Konsul*, **dictātor** *Diktator*, oder andere Personenbezeichnungen wie **senex** *alter Mann, Greis* oder **iuvenis** *junger Mann* kommen oft in einer solchen Verwendung vor.

Satzergänzungen

Satzergänzungen durch verschiedene Kasus

Die Kasus erfüllen im Satz verschiedene **syntaktische Funktionen**. Wenn von der **syntaktischen Funktion** gesprochen wird, ist die Rolle gemeint, die der jeweilige Kasus als **Satzglied** innerhalb eines Satzes übernehmen kann. Der Kasus wird also nicht isoliert betrachtet, sondern es geht um sein Zusammenspiel mit den übrigen Satzgliedern und um seine Funktion innerhalb des Satzzusammenhangs.

Der Nominativ wird als **cāsus rēctus** (**rēctus** *gerade*) von Genitiv, Dativ, Akkusativ und Ablativ unterschieden, weil er als einziger Kasus allein (ohne einen anderen Kasus) in einem Satz vorkommen kann. Die übrigen **cāsūs obliquī** (**obliquus** *schief*) brauchen hingegen mindestens einen zusätzlichen Fall.

KASUS	SYNTAKTISCHE FUNKTION
Nominativ *wer? was?*	**Subjekt** oder **Prädikatsnomen**
Genitiv *wessen?*	**Objekt**, **Prädikatsnomen** oder **Attribut**
Dativ *wem?*	**Objekt**, **Prädikatsnomen** oder **Adverbiale**
Akkusativ *wen? was? wohin?*	**Objekt**, **Prädikatsnomen** oder **adverbiale Bestimmung** (selten: mit Präposition als **Attribut**)
Ablativ *womit? wodurch? woher? wo? weshalb? worüber? wovon?*	**Objekt**, **Prädikatsnomen**, **Adverbiale** oder **Attribut**

Der Akkusativ

Die Satzergänzung durch den Akkusativ kommt sehr häufig vor. Der Akkusativ kann eine Person oder Sache, auf die eine Tätigkeit gerichtet ist (*wen? was?*), eine Ausdehnung in Raum und Zeit (auf die Frage *wie breit? wie weit? wie lang? wie alt? wie hoch? wie tief?*) oder das Ziel einer Bewegung (*wohin?*) bezeichnen. Es gibt Verben, die aufgrund ihrer Bedeutung ein Akkusativobjekt verlangen.

Der Akkusativ erfüllt im Satz die syntaktische Funktion eines **Objekts**, kann aber auch als **Prädikatsnomen** oder **adverbiale Bestimmung** in Erscheinung treten.

Satzlehre

Akkusativobjekt als Bezeichnung einer Person oder Sache

- Antwort auf die Frage: *wen? was?*

Verben, die wegen ihrer **Valenz** ein Akkusativobjekt verlangen, nennt man **transitive Verben**, z. B.:

alloquī *anreden*,	**aggredī** *angreifen*,
circumīre *umgehen, umzingeln*,	**trānsīre** *überschreiten*.

Sie bilden ein **persönliches Passiv**, wobei das **Akkusativobjekt zum Subjekt** wird. **Intransitive Verben** können im Gegensatz dazu kein Akkusativobjekt zu sich nehmen und bilden ein **unpersönliches Passiv**.

transitiv:

fēlis flūmen (Akk.) **trānsit**	die Katze überschreitet den Fluss
flūmen (Nom.) **ā fēle trānsītur**	der Fluss wird von der Katze überschritten

intransitiv:

scelestus filiō nocet	der Verbrecher fügt dem Sohn (einen) Schaden zu
filiō ā scelestō nocētur	dem Sohn wird von dem Verbrecher (ein) Schaden zugefügt

Folgende feststehende Wendungen mit dem Akkusativ haben eine besondere Bedeutung:

adīre ōrāculum/ amīcum	sich an ein Orakel/an einen Freund wenden	**inīre foedus**	ein Bündnis eingehen
<u>aber</u>: **adīre ad amīcum**	an einen Freund herantreten	<u>aber</u>: **inīre in domō amīcī**	in das Haus des Freundes hineingehen
obīre prōvinciam	eine Provinz bereisen		
obīre mortem	den Tod finden, sterben		

 Im Lateinischen werden manche Verben **transitiv** konstruiert, denen **deutsche Intransitiva** entsprechen.

Satzergänzungen

fugere	fliehen vor	hostem fugere	vor dem Feind fliehen
effugere	entfliehen	mortem effugere	dem Tod entkommen
adiuvāre	helfen	amīcum adiuvāre	dem Freund helfen
sequī	folgen	fēlem sequī	der Katze folgen
ulcīscī	(sich) rächen	hostem ulcīscī	sich am Feind rächen
UNPERSÖNLICHE (TRANSITIVE) LATEINISCHE WENDUNGEN:			
mē fugit	es entgeht mir	mē piget	es verdrießt/reut mich
mē fallit	ich weiß nicht	mē pudet	es beschämt mich/ ich schäme mich
mē iuvat	mich freut, es gefällt mir	mē paenitet	es reut/ärgert mich
mē decet	es ziemt sich für mich	mē taedet	es ekelt mich

Manche Verben (z.B. Verben der Gemütsstimmung) können sowohl als intransitive Verben mit einem anderen Kasus, als auch als transitive mit dem Akkusativ stehen.

dolēre mortem/morte/dē morte *über den Tod Schmerz empfinden*

Der Akkusativ des Inhalts verstärkt den Inhalt der Verbalhandlung und steht bei gewöhnlich intransitiven Verben, z.B. **id studeō** *ich bemühe mich darum*.

 Merke dir die Wendung **Cavē canem!** *Hüte dich vor dem Hund!* als **transitiv**. In der Bedeutung *meiden, vermeiden* ist es **intransitiv**, z.B. **Cavē ā perīculīs!** *Meide Gefahren!*

Satzlehre

Verben mit doppeltem Akkusativ

Es gibt transitive Verben, die aufgrund ihrer Bedeutung sogar nach zwei Akkusativobjekten verlangen. Die folgende Tabelle nennt dir einige dieser Verben, die mit einem **doppelten Akkusativ** gebraucht werden.

docēre *lehren* und **cēlāre** *verheimlichen*	
id tē cēlō	*ich verheimliche dir dies*
id tē doceō	*ich lehre dich dies*
poscere *fordern*, **flāgitāre** *verlangen*	
amīcum cunīculum poscō	*ich fordere von einem Freund ein Kaninchen*
ōrāre *bitten*, **rogāre** *fragen, bitten* und **interrogāre**, wenn das Sachobjekt Neutrum eines Pronomens ist	
id/haec amīcum rogō	*ich bitte den Freund darum/um diese Dinge*
Verben mit der Bedeutung *haben, nehmen, geben*	
aliquem amīcum habēre	*jemanden zum Freund haben*
comitem aliquem sūmere	*jemanden zum Begleiter nehmen*
habēre, putāre, existimāre, dūcere, arbitrārī und **iūdicāre** in der Bedeutung *halten für*	
tē amīcum habuī	*ich habe dich für meinen Freund gehalten*
cunīculus fēlicem fortem existimat	*das Kaninchen hält die Katze für stark*
praebēre und **praestāre** *sich als etwas erweisen*	
fortem sē praebēre/praestāre	*sich als tapfer erweisen*
trāicere *hinüberbringen*, **trādūcere** *hinüberführen* und **trānsportāre** *hinüberbringen*	
exercitum flūmen trādūcere	*ein Heer über den Fluss führen*

Satzergänzungen

Akkusativ der Richtung

- Antwort auf die Frage: *wohin?*

Der Akkusativ steht zur Angabe einer Richtung bei Namen von **Städten** und **kleinen Inseln**. Er erfüllt nicht die syntaktische Funktion eines Objekts, sondern die einer **adverbialen Bestimmung** des Ortes. Er wird mit oder ohne Präposition verwendet.

Rōmam *nach Rom*
Dēlum proficīscī *nach Delos aufbrechen*

Bei größeren Inseln und Länderbezeichnungen steht die Präposition **in** + Akkusativ.

in Crētam mittere *nach Kreta schicken*

Merke dir als häufig vorkommende feststehende Vokabeln **domum** *nach Hause* und **rūs** *aufs Land*.

Akkusativ der Ausdehnung

- Antwort auf die Frage: *wie hoch? wie tief? wie lang? wie breit? wie alt? wie weit?*

Der Akkusativ der Ausdehnung erfüllt im Satz nicht die Rolle eines Akkusativobjekts, sondern die syntaktische Funktion einer **adverbialen Bestimmung** der Zeit oder des Ausmaßes.

Präge dir folgenden **Merksatz** ein:
Auf die Frage **Wie lang? Wie breit? Wie alt? Wie weit? Wie hoch? Wie tief?** steht immer der Akkusativ.

ducentōs pedēs altus/longus/lātus	*zweihundert Fuß hoch/tief/lang/breit*
trīgintā annōs	*dreißig Jahre lang*

Verben wie **trāicere** *hinüberbringen*, **trādūcere** *hinüberführen* und **trānsportāre** *hinüberbringen* geben eine Richtung an und ziehen den Akkusativ nach sich.

exercitum flūmen trādūcere *ein Heer über den Fluss führen*

Satzlehre

Akkusativ als Prädikatsnomen

Ein Nomen im Akkusativ kann zusammen mit Verben mit der Bedeutung *machen, wählen, ernennen* als **Prädikatsnomen** erscheinen.

aliquem cōnsulem facere/creāre *jemanden zum Konsul machen/wählen*
aliquem imperātōrem appellāre/nōmināre/dēclārāre/dīcere *jemanden zum Feldherrn ernennen*
aliquem fēlicem dīcere *jemanden als glücklich bezeichnen*

 Merke dir als feststehende Wendung, die immer wieder vorkommt:
aliquem certiōrem facere dē aliquā rē *jemanden über eine Sache benachrichtigen*

Der Dativ

Der Dativ bezeichnet eine Person oder Sache, der eine Handlung gilt (*wem?*), die Person, zu deren Gunsten eine Handlung geschieht (*für wen? wofür?*) oder den Zweck einer Handlung (*wozu?*).

Er erfüllt im Satz die Funktion eines **Objekts**, kann aber wie der Akkusativ auch **Adverbiale** oder **Prädikatsnomen** sein.

Dativ als Objekt bei Verben

Es gibt nicht nur solche Verben, die mit dem Akkusativ stehen, sondern auch solche, die den Dativ verlangen. Durch die folgende Tabelle erhältst du einen Überblick, bei welchen Verben dies zutrifft.

TRANSITIVE VERBEN			
alicui dōnum dare	jemandem ein Geschenk geben	coniugī vērum dīcere	der Ehefrau die Wahrheit sagen
amīcum urbī mittere	den Freund zur Stadt schicken	amīcae adventum coniugis nūntiāre	der Freundin die Ankunft des Ehemanns melden
amīcae sēcrētum crēdere	der Freundin ein Geheimnis anvertrauen	amīcae divortium suādēre	der Freundin die Scheidung raten

Satzergänzungen

INTRANSITIVE VERBEN

adulterō nocēre	dem Ehebrecher schaden	**coniugī īrāscī**	dem Ehemann zürnen
amīcae servīre	einer Freundin dienen	**scelestō appropinquāre**	sich dem Verbrecher nähern

KOMPOSITA VON ESSE

adesse amīcō	einem Freund helfen	**dēesse amīcīs**	den Freundinnen fehlen
prōdesse cīvibus	den Bürgern nützen	**praeesse exercituī**	das Heer befehligen

UNPERSÖNLICHE VERBEN

accidit	es widerfährt	**contingit**	es glückt
libet	es beliebt, gefällt	**placet**	es gefällt
licet	es ist erlaubt		

 Manche Verben stehen im Lateinischen mit Dativobjekt, die im Deutschen mit Akkusativ gebraucht werden.

litterīs studēre	die Wissenschaft eifrig betreiben	**coniugī parcere**	den Ehemann schonen
<u>aber:</u> **id studēre**	darum bemüht sein		
amīcae favēre	die Freundin begünstigen	**amīcō invidēre**	den Freund beneiden
coniugī miserae persuādēre	die traurige Ehefrau überreden	**virō nūbere**	den Mann heiraten

Satzlehre

Dativ des Vorteils (dativus commodī bzw. incommodī)

- Antwort auf die Frage: *für wen? wofür?*

Der Dativ des Vorteils bezeichnet eine Person oder Sache, zu deren **Vorteil (dativus commodī)** oder **Nachteil (dativus incommodī)** etwas geschieht. Ins Deutsche wird er mit einem präpositionalen Ausdruck mit „für" oder „gegen" wiedergegeben.

Nōn scholae, sed vītae discimus.
Nicht für die Schule, sondern für das Leben lernen wir.

Einige Verben stehen mit dem Dativ des Vorteils, wenn sie die Bedeutung *sorgen für* haben. Mit Akkusativobjekt haben sie eine andere Bedeutung.

cōnsulere cīvibus	für die Bürger sorgen	timēre lībertātī	um die Freiheit besorgt sein
aber: cōnsulere senātum	den Senat befragen	aber: adulterium timēre	den Ehebruch fürchten
amīcīs prōvidēre	für die Freundinnen sorgen		
aber: rēs futūrās prōvidēre	die Zukunft vorhersehen		

Dativ des Urhebers (dativus auctōris)

- Antwort auf die Frage: *von wem (wird etwas getan)?*

Dieser Dativ kommt vor allem bei **Gerundivkonstruktionen** vor. Bei einem Gerundivum (selten auch beim Passiv) bezeichnet dieser Dativ den „Täter".

Cunīculus mihi caedendus est.
Das Kaninchen muss von mir geschlachtet werden.

Bei anderen Konstruktionen kommt er nur sehr selten vor.

Satzergänzungen

Dativ der Zugehörigkeit (datīvus possessīvus)

- Antwort auf die Frage: *wem (gehört etwas)?*

In Verbindung mit **esse** bezeichnet der Dativ der Zugehörigkeit die Person, die im Besitz von irgendeiner Sache ist. Dieser Dativ erfüllt die syntaktische Funktion eines **Prädikatsnomens**.

Mihi cunīculī et fēlēs sunt.
(wörtlich: Mir sind Kaninchen und Katzen.) Ich habe/besitze Kaninchen und Katzen.

Dativ des Zwecks (datīvus fīnālis)

- Antwort auf die Frage: *wozu (dient etwas)?*

In dieser Verwendung steht der Dativ mit **esse** und gibt eine Auswirkung oder einen Zweck an. Er erfüllt die syntaktische Funktion eines **Prädikatsnomens**.

amīcō ūsuī/dētrīmentō/honōrī/cūrae/ cordī esse	dem Freund zum Nutzen/zum Nachteil sein, dem Freund zu Ehre gereichen, dem Freund eine Sorge sein, dem Freund am Herzen liegen

In Verbindung mit Verben wie **venīre** *kommen*, **tribuere** *zuteilen*, **relinquere** *zurücklassen* oder **dare** *geben* erfüllt der Dativ des Zwecks die syntaktische Funktion des **Adverbiales**.

Puer cunīculō auxiliō venit.
Der Junge kommt dem Kaninchen zur Hilfe.

Cunīculō ist Dativobjekt, **auxiliō** Adverbiale. Meist muss der Dativ in der Verwendung als Adverbiale im Deutschen mit einer **präpositionalen Verbindung** wiedergegeben werden.

 Präge dir folgende feststehende Wendungen ein:
alicui aliquid crīminī dare *jemandem etwas zum Vorwurf machen*
alicui aliquid vitiō dare *jemandem etwas als Fehler anrechnen*
alicui aliquem auxiliō mittere *jemandem jemanden zur Hilfe schicken*

Satzlehre

Der Genitiv

Der Genitiv bezeichnet die Zugehörigkeit einer Person oder Sache zu einer anderen (**wessen?**) oder beschreibt ein Nomen näher (**was für ein? was für eine?**). Er erfüllt meistens die syntaktische Funktion eines **Attributs** zu einem Nomen, manchmal die eines **Prädikatsnomens**. Er kann auch die Bedeutung von Verben eingrenzen und übernimmt dann die Funktion eines **Objekts** oder **Adverbiales**.

Im Deutschen steht der Genitiv nach einigen Präpositionen (z.B. nach *wegen* oder *während*), wird aber vor allem in der Umgangssprache oft durch den Dativ ersetzt. Außerdem gibt es auch deutsche Verben, die den Genitiv verlangen (*sich erinnern* oder *bedürfen*). Solche Genitive werden jedoch meist durch Präpositionalwendungen ersetzt.

Ich erinnere mich an meinen letzten Urlaub. statt *Ich erinnere mich meines letzten Urlaubs.*

Genitiv als Bestimmung des Nomens

- Antwort auf die Frage: *wessen?*

Er tritt als **Genitivattribut** zu einem Nomen und beschreibt dieses näher. Im Deutschen erscheint eine freie Übersetzung oft passender.

poena mortis *(die Strafe des Todes)* die Todesstrafe
nōmen Hannibalis *(der Name Hannibals)* der Name Hannibal
pōculum vīnī *(ein Becher des Weines)* ein Becher Wein

Wie auch beim Akkusativ und Dativ unterscheidet man je nach Verwendungsbereich verschiedene Arten des Genitivs.

Genitivus subiectivus und obiectivus

- Antwort auf die Frage: *wessen? auf wen/was gerichtet?*

Dieser Genitiv tritt als nähere Bestimmung zu einem Nomen und bezeichnet entweder den „Täter" oder das „Opfer" einer Handlung. Die Bezeichnungen **subiectivus** und **obiectivus** sind etwas verwirrend. Das folgende Beispiel kann den Unterschied zwischen subjektiver und objektiver Verwendung veranschaulichen.

Satzergänzungen

amor parentum

Diese lateinische Wendung kann entweder als **genitivus subiectivus** oder als **genitivus obiectivus** betrachtet und unterschiedlich übersetzt werden. Der erstgenannte betrachtet den Genitiv **parentum** als handelndes Subjekt, als „Täter" der Handlung, die durch das Bezugswort ausgedrückt wird: *die Liebe der Eltern (z.B. zu den Kindern, zu den Kaninchen …)*
Der **genitivus obiectivus** hingegen sieht den Genitiv **parentum** als Objekt an, als „Opfer", auf das die Handlung gerichtet ist. Demnach unterscheidet sich die Übersetzung: *die Liebe zu den Eltern*

Wenn sinngemäß beide Übersetzungsmöglichkeiten in Frage kommen, musst du aus dem Zusammenhang des Textes entscheiden, welche die passende ist.

GENITIVUS SUBIECTIVUS			
victōria Rōmānōrum	*der Sieg der Römer*	**invidia amīcī**	*der Neid des Freundes*
epistula Plīniī	*der Brief des Plinius*	**lēx nātūrae**	*das Naturgesetz*
GENITIVUS OBIECTIVUS			
victōria Rōmānōrum	*der Sieg über die Römer*	**invidia amīcī**	*der Neid auf den Freund*
epistula Plīniī	*der Brief an Plinius*	**spēs salūtis**	*die Hoffnung auf Rettung*

! Bei Personalpronomina kommt nur eine Übersetzung in Frage. **Amor vestrī** wird generell mit *die Liebe zu euch* übersetzt. Wäre *eure Liebe* gemeint, würde dies mit Hilfe des Possessivpronomens durch **amor vester** zum Ausdruck gebracht.
Der **genitivus obiectivus** steht häufig bei Adjektiven oder Partizipien, die im Deutschen die Wiedergabe mit einem Präpositionalausdruck verlangen, wie **cupidus** *begierig (auf)*, **studiōsus** *bemüht (um)*, **perītus** *kundig (in), erfahren (in)*, **memor** *in Erinnerung (an)* und **cōnscius** *eingeweiht (in)* bzw. **appetēns** *begierig (auf)*, **patiēns** *geduldig (bei)*

Satzlehre

Genitiv des geteilten Ganzen (genitivus partitivus)

- Antwort auf die Frage: *wovon?*

Dieser Genitiv bezeichnet ein **Ganzes**, von dem das Bezugswort einen Teil angibt wie *ein großer Teil unseres Bekanntenkreises*.

Daher steht er nach Nomen, die eine **Mengenangabe** machen, nach **substantivisch gebrauchten Pronomen** oder nach **Komparativen** und **Superlativen**.

SUBSTANTIVE			
pars cunīculōrum	ein Teil der Kaninchen	**magna cōpia frūmentī**	eine große Menge Getreide

ADJEKTIVE DER BESCHAFFENHEIT, KOMPARATIVE UND SUPERLATIVE			
(nur im Nom.Sg.Neutr. oder Akk.Sg.Neutr. ohne Präposition!)			
multum, plūs, plūrimum, nimium carnis	viel, mehr, das meiste, zu viel Fleisch	**paulum, minus, minimum carnis**	wenig, weniger, sehr wenig Fleisch
maior cunīculōrum	das ältere der Kaninchen	**satis auxiliī**	ausreichend Hilfe

SUBSTANTIVISCHE PRONOMEN			
quis cunīculōrum?	welches von den Kaninchen?	**nēmō cunīculōrum caesōrum**	keines der geschlachteten Kaninchen
altera amīcārum	eine (der beiden) Freundinnen	**quis nostrum/ vestrum?**	wer von uns/von euch?
quid cōnsiliī?	welcher Beschluss?		

FESTSTEHENDE WENDUNGEN			
ubi terrārum?	wo in aller Welt?	**quō gentium?**	wohin in aller Welt?

Satzergänzungen

Genitiv der Beschaffenheit (genitivus quālitātis)

- Antwort auf die Frage: *was für ein? was für eine?*

Der **genitivus quālitātis** bezeichnet eine Eigenschaft oder Besonderheit seines Bezugsworts. Er hat deshalb fast immer ein Adjektiv, Pronomen oder Zahlwort bei sich. Meistens geht es um Zahl-, Maß-, Art- und Wertbestimmungen.

vir magnī animī	ein Mann von hoher Gesinnung	puer decem annōrum	(ein Junge von zehn Jahren), ein zehnjähriger Junge
rēs eius modī	derartige Dinge		

Der Genitiv der Beschaffenheit kommt häufig in der syntaktischen Funktion eines **Prädikatsnomens** vor.

Cunīculī excellentis pulchritūdinis fuērunt.
Die Kaninchen waren von außerordentlicher Schönheit.
▶ Bei Angabe körperlicher und geistiger Eigenschaften kann im Lateinischen gleichermaßen der **ablātīvus quālitātis** stehen. Weitere Informationen erhältst du im entsprechenden Kapitel!

Genitiv des Wertes (genitivus pretiī)

- Antwort auf die Frage: *wie viel?*

Dieser Genitiv bezeichnet in Verbindung mit **esse** als Prädikatsnomen den Wert einer Person oder Sache.

magnī, plūris, plūrimī esse	viel, mehr, am meisten wert sein
parvī, minōris, minimī esse	wenig, weniger, am wenigsten wert sein
tantī, quantī, nihilī esse	soviel, wie viel, nichts wert sein

Er steht manchmal auch als **Adverbiale** bei Verben wie **aestimāre** *einschätzen*, **dūcere** *halten für*, **facere** *machen* oder **emere** *kaufen* und **vendere** *verkaufen*.

Cunīculum magnī vendit.
Er verkauft das Kaninchen für viel Geld.

Satzlehre

Genitiv der Zugehörigkeit (genitivus possessivus)

- Antwort auf die Frage: *wessen?*

Der Genitiv, der im Deutschen am häufigsten vorkommt, kennzeichnet in dieser Verwendung ein **Besitzverhältnis**. Er kann im Deutschen durch präpositionale Wendungen mit *von* ersetzt werden. Dies geschieht vor allem in der Umgangssprache.

die Eltern von Markus statt *Markus' Eltern*

Wie im Deutschen erfüllt der Genitiv der Zugehörigkeit je nach Verwendung die syntaktische Funktion eines **Attributs** oder **Prädikatsnomens**.

Attribut			
cunīculus amīcī	das Kaninchen des Freundes	**timor cunīculōrum**	die Furcht der Kaninchen

Prädikatsnomen bei esse, fierī, habērī und putārī			
patris esse	(des Vaters sein) dem Vater gehören	**amīcī fierī**	Eigentum des Freundes werden
alicuius habērī/ putārī	als jemands Eigentum gelten		

Der genitīvus possessīvus betont den **Eigentümer** (z.B. *Vater*, *Freund*) einer Sache. Im Gegensatz dazu hebt den datīvus possessīvus (z.B. **mihi est cunīculus** *ich habe ein Kaninchen*) den Besitz (z.B. *das Kaninchen*) hervor.

In einer besonderen Gebrauchsweise kommt dieser Genitiv im Lateinischen zusammen mit einem unpersönlichen **est** vor. Präge dir am besten folgende Wendungen ein, weil sie im Lateinischen immer wieder vorkommen.

cōnsulis est	es ist Aufgabe/Pflicht des Konsuls
meum, tuum, nostrum, vestrum, eōrum eius est	es ist meine, deine, seine, unsere, eure, ihre Aufgabe/Pflicht
magnī virī est	es ist die Eigenschaft eines großen Mannes

Alle diese Wendungen können nicht nur mit **est**, sondern auch mit **vidētur** bzw. **putātur** *es scheint* vor, z.B. **cōnsulis vidētur** *es erscheint als Aufgabe/Pflicht des Konsuls*

Satzergänzungen

Genitiv als Ergänzung des Verbs

Manche Verben bedürfen der Ergänzung durch ein Objekt im Genitiv.

Verben des Erinnerns, Erwähnens und Vergessens			
amicōrum meminisse	sich an die Freunde erinnern	iniūriārum oblīvīscī	Ungerechtigkeiten vergessen

Bei unpersönlichen Ausdrücken der Empfindung (piget, pudet, paenitet, taedet) steht die Person, die etwas empfindet, im Akkusativ, der Gegenstand, der Empfindung selbst im Genitiv:			
mē paenitet iniūriae	ich bereue die Ungerechtigkeit	mē piget stultitiae meae	mich ärgert meine Dummheit
aber: Bei Pronomen im Neutrum ist der Gegenstand der Empfindung Subjekt wie bei **id mē paenitet** *ich bereue dies*			

Bei interest und rēfert *es ist wichtig, liegt daran*	
eius māximē interest/rēfert	es ist ihm besonders wichtig

Bei Verben der Gerichtssprache			
aliquem accūsāre sceleris	jemanden wegen eines Verbrechens anklagen	aliquem damnāre reī capitālis	jemanden wegen eines Kapitalverbrechens verurteilen
aliquem absolvere prōditiōnis	jemanden von der Anklage wegen Hochverrats freisprechen		

Der Ablativ

Beim Ablativ handelt es sich um eine Besonderheit des Lateinischen. Im Deutschen gibt es keine Ablativformen. Daher bereitet der Ablativ häufig mehr Probleme bei der Übersetzung als die übrigen Kasus.

Im Ablativ sind drei ursprünglich selbstständige lateinische Kasus vermischt. Das erklärt, warum er so viele Übersetzungsvarianten zulässt. Ursprünglich drückte der Ablativ eine **Trennung** (**ablātīvus sēparātīvus**) von einer Sache aus und antwortete auf die Frage *woher? wovon?*. Daher erhielt er auch seinen Namen (Ablativ kommt von **auferre – abstulī – ablātum** *wegnehmen*). Später verschmolzen zwei weitere Kasus mit dem Ablativ, der **Lokativ** (*wo? wann?*) und der **Ablativ des Mittels** (**ablātivus instrumentālis**: *womit? wodurch?*). In Anlehnung an diese sprachgeschichtliche Entstehung des Kasus unterscheidet man auch heute im Wesentlichen zwischen diesen drei Bedeutungsrichtungen. Es gibt jedoch zusätzlich einige Unterformen, die im Folgenden mit ihrem üblichen Namen betitelt werden.

Meist erfolgt die Übersetzung mit Hilfe von Präpositionen.

Der Ablativ übernimmt meistens die syntaktische Funktion eines **Adverbiales**, nur bei wenigen Verben steht er als ergänzendes **Objekt**. Selten wird er **attributiv** oder **prädikativ** verwendet.

Ablativ der Trennung (ablātīvus sēparātīvus)

- Antwort auf die Frage: *woher? wovon?*

Der Ablativ der Trennung, der wegen seines lateinischen Namens oft als **Separativ (sēparāre** *trennen*) bezeichnet wird, ist der eigentliche Ablativ. Er bezeichnet den **Ausgangspunkt einer Bewegung**, steht bei **Verben des Wegnehmens und Entbehrens**. Wenn er zur Angabe einer Abstammung oder eines sozialen Standes dient, spricht man vom **ablātīvus orīginis** (**orīgō** *Ursprung, Abstammung, Geburt*). Auch der Ablativ des Vergleichs (**ablātīvus comparātiōnis**) ist eine Unterart des Separativs.

Als Bezeichnung des **Ausgangspunktes** einer Bewegung steht er bei den Eigennamen von Städten, Dörfern und kleineren Inseln. Er beantwortet die Frage *woher?*.

▶ Als Angabe der Richtung auf die Frage *wohin?* steht der Akkusativ, auf die Frage *wo?* der **Ablativ des Ortes**. Wenn du mehr darüber wissen willst, sieh im entsprechenden Kapitel nach!

Rōmā, Athēnīs, Dēlō	von Rom, von Athen, von Delos		
domō	von zu Hause	rūre	vom Land

Wie beim Akkusativ der Richtung steht bei größeren Inseln und Ländernamen eine Präposition vor dem Kasus (**ā/ab** oder **ē/ex**). Auch bei anderen Nomen und in der attributiven Verwendung tritt eine Präposition hinzu.

Satzergänzungen

ā Graeciā/ex urbe Rōmā *aus Griechenland/aus der Stadt Rom aufbrechen*
dē montibus *von den Bergen herab*

 Bei Ortsangaben (z.B. in Rom) existieren für Städtenamen Formen des **Lokativs**, z.B. **Rōmae** *in Rom*. Weiteres dazu erfährst du im Kapitel über den **ablātīvus locī**.

Bei manchen Ortsangaben wird im Lateinischen der Ausgangspunkt (*woher?*) bezeichnet, während im Deutschen eine Ortsangabe (*wo?*) steht.

ā fronte	vorn (von vorn)	ex omnibus partibus	auf allen Seiten, in allen Punkten
ā latere	auf der Seite (von der Seite)	ā tergō	im Rücken (von hinten)

Eine Unterform stellt der **ablātīvus orīginis** dar. Er bestimmt in Verbindung mit **nātus** und **ortus** eine Herkunft.

parentibus humilibus nātus/ortus	von Eltern aus einem niederen Stand (abstammen)	Apollō Iove nātus	Apoll, der Sohn Jupiters
nātus/ortus nōbilī genere	aus vornehmer Familie (stammend)	equestrī locō ortus	aus dem Ritterstand kommend

Der **Ablativ der Trennung** (**ablātīvus sēparātīvus**) steht bei Verben des Wegnehmens und Entbehrens wie **prīvāre, spoliāre, exuere** *berauben*, **nūdāre** *entblößen*, **fraudāre** *betrügen um*, **liberāre** *befreien*, **levāre** *erleichtern*, **solvere** *loslösen*, **vacāre** *frei sein von*, **carēre** *entbehren* und **egēre** *bedürfen, nötig haben*. Er gibt eine Antwort auf die Frage **wovon?**. Manchmal wird die Bedeutung des Ablativs (vor allem bei Personen) durch eine Präposition wie **ā/ab, dē** oder **ē / ex** ergänzt.

liberāre cūrīs (Sache)	von Sorgen befreien	spoliāre vītā	des Lebens berauben
aber: liberāre ā tyrannō (Person)	vom Tyrannen befreien	vacāre (ā) cūrīs	frei von Sorgen sein
auxiliō egēre	der Hilfe bedürfen, Hilfe brauchen	arcēre (ā) forō	vom Forum abhalten
liberāre captivitāte	jemanden aus der Gefangenschaft befreien	prīvāre omnī spē	jeder Hoffnung berauben

Satzlehre

Ablativ des Vergleichs (ablātīvus comparātiōnis)

- Antwort auf die Frage: *als wer? als was?*

Der Ablativ des Vergleichs ist eine Unterart des Separativs. Er steht nach Komparativen und bezeichnet den **Vergleichsgegenstand**. Der **ablātīvus comparātiōnis** ersetzt eine Konstruktion mit **quam** *als* + Nominativ oder Akkusativ.

Konstruktion mit quam	ablātīvus comparātiōnis
Fēlis fortior quam cunīculus est. *Die Katze ist stärker als das Kaninchen.*	**Fēlis fortior cunīculō est.** *Die Katze ist stärker als das Kaninchen.*
Fēlem fortiōrem quam cunīculum pūtō. *Ich halte die Katze für stärker als das Kaninchen.*	**Fēlem fortiōrem cunīculō pūtō.** *Ich halte die Katze für stärker als das Kaninchen.*

Ablativ des Mittels (ablātīvus instrumentālis)

- Antwort auf die Frage: *womit? wodurch?*

Der Ablativ des Mittels, der wegen seines lateinischen Namens oft als **Instrumentalis** (**īnstrūmentum** *Werkzeug*) bezeichnet wird, dient zur Angabe eines Mittels oder Werkzeugs, durch dessen Einsatz etwas geschieht.

gladiō pūgnāre *mit dem Schwert kämpfen*

Häufig klingt eine freiere Übersetzung im Deutschen besser:

manū tenēre	*(mit der Hand) in der Hand halten*	**memoriā tenēre**	*im Gedächtnis behalten*
proeliō lacessere	*zum Kampf herausfordern*	**viā Appiā proficīscī**	*auf der Appischen Straße reisen*

Satzergänzungen

Der Instrumentalis kommt als **Attribut** oft zusammen mit folgenden Verben und Adjektiven vor:

complēre	anfüllen, ausstatten	implēre	anfüllen, erfüllen mit etwas
ōrnāre, īnstruere	ausstatten, ausrüsten mit etwas	abundāre, redundāre	Überfluss haben, reich sein an etwas, anfüllen, erfüllen
afficere	versehen mit	praeditus, -a, -um	ausgestattet, begabt mit etwas
contentus, -a, -um	zufrieden mit etwas	(in)dignus, -a, -um	einer Sache (un)würdig
frētus, -a, -um	im Vertrauen auf etwas	cōnfīsus, -a, -um	im Vertrauen auf etwas

Bei wenigen Verben steht er als ergänzendes **Objekt**. Diese sind **ūtī** *Gebrauch machen (von)*, **fungī** *sich beschäftigen (mit)*, **fruī** *Genuss haben (von)* und **potīrī** *mächtig werden (durch)*.

fruī vītā *das Leben genießen*
ūtī auctōritāte *seinen Einfluss ausnützen*

Der unpersönliche Ausdruck **opus est** *man braucht* (eigtl.: *es ist geholfen mit*) wird mit dem Ablativ verwendet. Die benötigte Sache steht im **Instrumentalis**, die benötigende Person im Dativ.

Nōbīs frūmentō opus est.
(wörtlich: Uns ist mit Getreide geholfen) Wir benötigen Getreide.

Ablativ der Art und Weise (ablātīvus modī)

- Antwort auf die Frage: *womit? wodurch?*

Der Ablativ der Art und Weise ist eine Unterform des **Instrumentalis**. Er antwortet wie dieser auf die Frage *womit? wodurch?*, gibt aber keine Sache, sondern die **begleiteten Umstände** eines Geschehens an. Er steht mit oder ohne die Präposition **cum**. Die Präposition fehlt meist, wenn zu dem Sustantiv ein Attribut hinzutritt.

Satzlehre

cum dīligentiā colere	mit Sorgfalt pflegen	cum misericordiā caedere	unter Mitleid schlachten
(cum) summō studiō	mit höchstem Eifer	(cum) magnō perīculō	unter großer Gefahr

 Präge dir folgende feststehenden Begriffe und Wendungen ein, die häufig vorkommen.

cāsū/forte	durch Zufall, zufällig	nōmine	im Namen
iūre	mit Recht	suā/meā sponte	unter seiner/meiner Veranlassung, freiwillig
iniūriā	zu Unrecht	mōre maiōrum	nach Art der Väter
iussū	auf Befehl	eōdem modō	auf dieselbe Art
hāc condiciōne	unter der Bedingung	aequō animō	mit Gleichmut

Ablativ des Grundes (ablātīvus causae)

- Antwort auf die Frage: *warum? woduch?*

Er ist wie der **ablātīvus modī** eine Unterart des Instrumentalis. Er gibt den Grund oder die Ursache eines Geschehens an (*warum?*) und steht vor allem bei Verben und Adjektiven der **Gemütsbewegung**.

Er wird im Deutschen durch ein Präpositionalgefüge wiedergegeben.

cōnficī morbō	durch eine Krankheit geschwächt werden	gaudēre victōriā	über den Sieg Freude empfinden
cōnfīdere virtūte	auf die Tüchtigkeit vertrauen	maestus cunīculō caesō	traurig über das geschlachtete Kaninchen

Der **ablātīvus causae** kann mit einem Partizip stehen, das im Deutschen oft nicht wiedergegeben wird.

amōre adductus *aus Liebe*   **metū coāctus** *aus Furcht*

Satzergänzungen

Ablativ der Beschaffenheit (ablātīvus quālitātis)

- Antwort auf die Frage: *wie beschaffen?*

Auch er wird als Unterart des Instrumentalis betrachtet. Der **ablātīvus quālitātis** (**quālitās** *Beschaffenheit*) bezeichnet eine **Beschaffenheit**, z.B. **vir magnā audāciā** *ein Mann von großer Kühnheit*.

Er tritt in der syntaktischen Funktion eines **Attributs** oder **Prädikatsnomens** in Erscheinung.

ATTRIBUTIVE VERWENDUNG	
mōns magnā altitūdine	*ein Berg von großer Höhe*

PRÄDIKATSNOMEN	
bonō animō esse	*guten Mutes sein*

Ohne Bedeutungsunterschied kann in diesen Fällen auch genitīvus quālitātis verwendet werden.

Ablativ der Wert- und Preisangabe (ablātīvus pretiī)

- Antwort auf die Frage: *wie viel?*

Er kann auch als spezifizierte Variante des **ablātīvus quālitātis** betrachtet werden, zumal er wie dieser die Beschaffenheit einer Sache angibt, aber auf den **Preis** (**pretium** *Preis*) einer Sache beschränkt bleibt. Du solltest dir die folgenden feststehenden Begriffe einprägen, weil sie häufig in Zusammenhang mit einer Preisangabe vorkommen.

magnō, plūrimō, parvō, minimō emere/ vendere/stāre/cōnstāre	*teuer, sehr teuer, billig, sehr billig kaufen/ verkaufen/kosten*

Satzlehre

Ablativ der Beziehung (ablātīvus limitātiōnis)

- Antwort auf die Frage: *inwiefern? in welcher Beziehung?*

Er wird **attributiv** oder **prädikativ** verwendet und bestimmt ein Substantiv oder eine Verbalhandlung näher.

māior nātū	(älter in Bezug auf die Geburt), älter	aeger pedibus	(krank in Bezug auf die Füße), fußkrank
minor nātū	jünger	excellere dignitāte	hervorragen durch Ansehen

Ablativ des Maßes (ablātīvus mēnsūrae)

- Antwort auf die Frage: *um wie viel?*

Auch der **ablātīvus mēnsūrae** (**mēnsūra** *Maß*) gibt an, um wie viel sich etwas von etwas anderem unterscheidet. Er definiert Maß oder Ausmaß und tritt **attributiv** oder **prädikativ** in Erscheinung.

multō facilius	viel leichter, um vieles leichter	multō praestāre amīcīs	die Freunde weit übertreffen
paulō post brevī post	ein wenig später	multō mālle	viel lieber wollen
mille passibus ab hoste	eine Meile vom Feind entfernt		

Ablativ des Ortes (ablātīvus locī)

- Antwort auf die Frage: *wo?*

Der Ablativ des Ortes ersetzt die Formen des **Lokativs**, der ursprünglich ein eigener Kasus war. Er steht bei Namen von Städten und kleineren Inseln.

Carthāgine, Athēnīs, Delphīs vīvere *in Karthago, Athen, Delphi leben*

Satzergänzungen

Bei größeren Inseln oder bei Ländern steht (wie beim Akkusativ der Richtungsangabe) die Präposition **in** + Ablativ.

in Italiā, Crētā vīvere *in Italien, auf Kreta leben*

▶ Bei der Angabe einer Richtung (*wohin?*) steht der **Akkusativ der Richtungsangabe**, bei der Angabe eines **Ausgangspunktes** (*woher?*) der entsprechende **Ablativ**. Lies in den entsprechenden Kapiteln nach, wenn du mehr darüber wissen willst!

Außerdem steht der Ablativ des Ortes häufig bei **locus** *Ort* in Verbindung mit einem Attribut (**inīquō locō** *an ungünstiger Stelle*), bei Substantiven zusammen mit **tōtus** (**tōtō orbe terrārum** *auf der ganzen Welt*) und in den folgenden festen Wendungen:

terrā marīque	zu Wasser und zu Land	**dextrā (manū)**	zur Rechten, rechts
ūnā cum	zusammen mit	**sinistrā (manū)**	zur Linken, links
rēctā (viā)	in gerader Richtung, geradeaus		

 Wenige **Formen des Lokativs** sind erhalten geblieben. Dies gilt für manche Städte- und Inselnamen der a-/o-Deklination und wenige feste Wendungen. Präge dir deshalb die folgenden Vokabeln ein. Die Formen des Lokativs entsprechen **lautlich** dem **Genitiv Singular**:

Rōmae	in Rom	**domī**	zu Hause
Corinthī	in Korinth	**rūrī**	auf dem Land
Tarentī	in Tarent	**domī militiaeque/ domī bellīque**	im Krieg und im Frieden
Dēlī	auf Delos	**humī**	auf dem Boden

Satzlehre

Ablativ der Zeitangabe (ablātīvus temporis)

- Antwort auf die Frage: *wann? in welcher Zeitspanne?*

Der **ablātīvus temporis** gibt einen Zeitpunkt oder eine Zeitspanne an.

vēre	im Frühling	**posterō diē**	am folgenden Tag
initiō, prīncipiō	anfangs	**memoriā nostrā**	in unserer Zeit
prīmā lūce	bei Tagesanbruch	**tertiā vigiliā**	zur dritten Nachtwache
paucīs annīs	innerhalb weniger Jahre	**brevī (tempore)**	in Kürze, in kurzer Zeit

Zeitumstände werden mit dem **ablātīvus temporis + in** angegeben:

in bellō/in pāce	in Kriegszeiten/in Friedenszeiten	**in pueritiā/in senectūte**	in der Kindheit/im Alter
in praesentiā	gegenwärtig	**in tempore**	zur rechten Zeit
in rēbus secundīs	im Glück	**in rēbus adversīs**	im Unglück

 Dass dieser Ablativ aus dem Ablativ des Ortes hervorgegangen ist, sieht man daran, dass folgende Zeitangaben noch alte **Lokative** sind:

vesperī	abends	**cottīdiē**	täglich
herī	gestern	**noctū**	nachts
prīdiē	am Vortag	**diū**	lange
postrīdiē	am folgenden Tag		

Satzergänzungen durch Präpositionalwendungen

▶ Natürlich können Sätze auch Präpositionalwendungen ergänzt werden. Im Kapitel zu den Präpositionen im ersten Teil der Grammatik erhältst du einen Überblick über die verschiedenen Präpositionen und über die Kasus, mit denen sie gebraucht werden.

Satzergänzungen

Satzergänzungen durch Nominalformen des Verbums und satzwertige Konstruktionen

Im Lateinischen können Verben – wie im Deutschen auch – substantiviert werden. Dadurch entstehen **Verbalsubstantive** und **Verbaladjektive**, die Eigenschaften eines Nomens und eines Verbs haben. Sie werden aus Verben gebildet, wie Nomen dekliniert und als **nominale Satzglieder** behandelt. Im folgenden Abschnitt erfährst du, wie ihre Formen gebildet werden und in welchen Zusammenhängen sie in Erscheinung treten.

Wenn zusätzlich zur Nominalform des Verbs eine handelnde Person oder Sache genannt wird, auf die sich die Verbalinformation bezieht, spricht man von **satzwertigen Konstruktionen**. Sie werden „satzwertig" genannt, weil sie die Funktion von **Gliedsätzen** übernehmen können und häufig als solche übersetzt werden. Ihre Besonderheit ist, dass sie im Lateinischen nur aus wenigen Worten bestehen und der lateinische Sprecher durch sie mit wenigen Worten viel sagen kann.

Cunīculum caesurum esse sciō.
Ich weiß, dass das Kaninchen geschlachtet werden soll.

Diese **satzwertigen Konstruktionen** mit dem Infinitiv werden **AcI** genannt.

Als **satzwertige Konstruktionen** kommen generell Wendungen mit **Partizipien** (**Participium coniūnctum** und **Ablātīvus absolūtus**), **Gerundium** und **Gerundivum** oder mit dem **Infinitiv** (**AcI** und **NcI**) in Frage. Sie stellen eine Spezialität des Lateinischen dar. Da vergleichbare Formulierungsweisen in der deutschen Sprache nicht möglich sind, können sie in der Regel nicht wörtlich übersetzt werden.

Das Gerundium als Verbalsubstantiv

Beim **Gerundium** handelt es sich um den **substantivierten Infinitiv**. Nicht nur im Lateinischen, sondern auch im Deutschen ist es üblich, Infinitive zu substantivieren. Im Deutschen geschieht dies dadurch, dass man vor den Infinitiv einen Artikel stellt, z.B. *das* Loben aus dem Infinitiv *loben*, oder durch die Bildung eines Verbalsubstantivs auf **-ung**, z.B. *handeln – die Handlung*.

Satzlehre

Der substantivierte Infinitiv kann – wie jedes andere Nomen auch – dekliniert werden.

Nom.	*das* Loben
Gen.	*des* Lobens
Dat.	*dem* Loben
Akk.	*das* Loben

Da es in der lateinischen Sprache keinen Artikel gibt, werden im Lateinischen **Verbalsubstantive** gebildet. Sie werden wie die **Neutra der o-Deklination** (im Singular) dekliniert und im Deutschen mit dem substantivierten Infinitiv übersetzt:

Nom.	Infinitiv	**laudāre**	das Loben
Gen.	Gerundium	**laudandī**	des Lobens
Dat.	Gerundium	**laudandō** (sehr selten)	dem Loben
Akk.	Infinitiv/Gerundium	**laudāre/(ad) laudandum**	das Loben/zum Loben
Abl.	Gerundium	**laudandō**	durch das Loben

Kommt das **Verbalsubstantiv als Subjekt** oder **Objekt** vor (im Nominativ bzw. Akkusativ), steht der bloße Infinitiv.

Errāre (Nom.) **hūmānum est.**
Irren ist menschlich.

Fēlis lūdere (Akk.) **quam cantāre** (Akk.) **māvult.**
Die Katze mag lieber spielen (das Spielen) als singen (das Singen).

Für alle anderen Kasus wird das Gerundium durch das Anhängen von **-nd-** + Kasusendung an den Präsensstamm als Verbalsubstantiv gebildet. Die Form **laudandum** kommt nur zusammen mit der Präposition **ad** vor.

Bei den Verben der konsonantischen und der i-Konjugation wird bei der Bildung des Gerundiums zwischen Präsensstamm und **-nd-** ein **-e-** eingefügt, z.B. **audiendī** (Gen.). Das Gerundium von **īre** lautet **eundī** (Gen.).

Satzergänzungen

Die Verwendung des Gerundiums

Das Gerundium steht als Attribut im **Genitiv** nach Substantiven, die eine Ergänzung oder nähere Bestimmung verlangen oder nach Adjektiven, die mit dem Genitiv stehen wie **cupidus, -a, -um**, oder bei **causā** und **grātiā**.

im Genitiv	**ars scribendī**	(die Kunst des Schreibens), die Kunst zu schreiben
im Genitiv mit Objekt	**cupiditās librōs scribendī**	die Lust am Bücher schreiben, die Lust Bücher zu schreiben
bei Adjektiven	**scribendī cupidus**	(des Schreibens begierig), begierig zu schreiben
bei **causā** und **grātiā**	**scribendī causā/grātiā**	(des Schreibens wegen), um zu schreiben

Der **Dativ** des Gerundiums kommt nur sehr selten als Dativ des Zwecks (**dativus finālis**) in festen Verbindungen vor, z.B. **scribendō adesse** *zum Schreiben da sein* oder **solvendō nōn esse** *(„zum Zahlen nicht da sein") zahlungsunfähig sein*.

Im **Akkusativ** tritt das Gerundium nur als präpositionales Objekt mit der Präposition **ad** (selten auch nach **in** oder **ob**) auf, z.B. **ad scribendum** *zum/beim Schreiben, um zu schreiben*.

Der **Ablativ** des Gerundiums steht mit oder ohne Präposition.

ohne Präposition	**docendō discimus**	*Durch (das) Lehren lernen wir.*
	iniūriās ferendō	*durch das Ertragen von Beleidigungen*
mit den Präpositionen **in** und **dē**, seltener **ex** und **ab**	**dē bene vīvendō disputāre**	*über ein gutes Leben diskutieren*

Das Gerundium wird trotz seiner nominalen Verwendung wie ein Verb behandelt und kann (wie bereits an einigen Beispielen gezeigt wurde) wie Verben durch **Objekte** und **Adverbien** ergänzt werden.

Infinitiv	**bene** (Adverb) **scrībere**	*gut (zu) schreiben*
Gerundium	**ars bene scribendī** (Gen.)	*(die Kunst des guten Schreibens), die Kunst gut zu schreiben*
Infinitiv	**librōs** (Akk.-Objekt) **scrībere**	*Bücher schreiben*
Gerundium	**ad librōs scribendum**	*beim/zum Bücherschreiben*

Satzlehre

Gerundivum und Partizip als Verbaladjektive

Verbaladjektive sind Adjektive, die aus Verben gebildet werden. Sie werden (wie das Gerundium) wie **Nomen** behandelt und werden **dekliniert**. Da sie als Adjektive mit ihrem Bezugswort in **KNG-Kongruenz** stehen, bilden sie Formen in allen Genera.

Verbaladjektive sind die **Partizipen**	laudāns, -ntis (PPA)
	laudātus, -a, -um (PPP)
	laudātūrus, -a, -um (PFA)
und das **Gerundivum**	laudandus, -a, -um

Das Gerundivum als Verbaladjektiv

Das Gerundivum wird durch das Anhängen von **-nd-** und die Endung **-us, -a, -um** an den Präsensstamm gebildet. Bei den Verben der konsonantischen und der i-Konjugation wird (wie beim Gerundium) ein **-e-** eingefügt (**audiendus, -a, -um**). Das Gerundivum von **ire** *gehen* lautet **eundus, -a, -um**.

Das Gerundivum steht in **KNG-Kongruenz** zu seinem Bezugswort, wird dekliniert wie ein **Adjektiv der a-/o- Deklination** und bildet Formen in allen Genera. Es ist ein **Verbaladjektiv** mit **passiver Bedeutung** und bezeichnet eine Handlung, die getan werden muss oder soll (verneint: die nicht getan werden darf).

cunīculus amandus	(wörtlich: ein zu liebendes Kaninchen) ein Kaninchen, das geliebt werden muss = ein liebenswertes Kaninchen
facinus laudandum	(wörtlich: eine zu lobende Tat) eine Tat, die gelobt werden muss = eine lobenswerte Tat

Da es im Deutschen keine vergleichbare Verbform gibt, ist eine wörtliche Übersetzung des Gerundivums (wie sie in Klammern dargestellt ist) kaum möglich. Trotzdem kann sie dir helfen, die Konstruktion zu entschlüsseln, bevor du nach einer besseren Wiedergabe suchst!

Das Gerundivum taucht in verschiedenen Verwendungen auf. Als **Attribut** (wie in den beiden obigen Beispielen) tritt es eher **selten** in Erscheinung. Am häufigsten dient es als **prädikatives Adjektiv**, das mit einem Substantiv in einem beliebigen Kasus kongruent ist. Es drückt dann eine gleichzeitige (oder eine gedachte und daher eher nachzeitige) Verbalhandlung aus.

Satzergänzungen

Cuniculus amandus est.
(wörtlich: Das Kaninchen ist ein zu liebendes). Das Kaninchen muss geliebt werden/ist liebenswert.

Teilweise überschneiden sich der Gebrauch von Gerundium und Gerundivum, wobei das Gerundivum vor allem im Ablativ und Genitiv häufiger vorkommt.

Gerundivum	**cōnsilium relinquendae Italiae**	(wörtlich: der Plan des zu verlassenden Italiens), der Plan, Italien zu verlassen
Gerundium	**cōnsilium Italiam relinquendī**	(wörtlich: der Plan des Italien Verlassens), der Plan, Italien zu verlassen
Gerundivum	**gaudēre cunīculō caedendō**	(wörtlich: sich freuen über das zu schlachtende Kaninchen), sich freuen über das Kaninchen, das geschlachtet werden soll
Gerundium	**gaudēre cunīculum caedendō**	(wörtlich: sich freuen über das „das-Kaninchen-Schlachten"), sich freuen über das Kaninchen, das geschlachtet werden soll

Während das Gerundivum im Dativ eher selten vorkommt, wird es oft mit einer Präposition kombiniert, die den Akkusativ nach sich hat.
Ad caedendum cunīculum parāta sum.
Ich bin bereit, das Kaninchen zu schlachten.

Das Gerundivum kann außerdem im **Nominativ** (bzw. im AcI im Akkusativ) als **Prädikatsnomen** zusammen mit dem Hilfsverb **esse** das **Prädikat** eines Satzes bilden. Dieses Prädikat drückt eine **Notwendigkeit** oder **Zielsetzung** (in der Verneinung ein **Verbot** oder eine **Einschränkung**) aus. Es verhält sich dabei wie ein adjektivisches Prädikatsnomen, indem es sich in Kasus, Numerus und Genus an das Subjekt angleicht.
Cunīculus caedendus nōn est.
(wörtlich: Das Kaninchen ist nicht ein zu schlachtendes). Das Kaninchen darf nicht geschlachtet werden.

Das bekannteste Beispiel für diesen Gebrauch ist ein Zitat Catos, mit dem er immer wieder für die Zerstörung Karthagos plädiert haben soll.
Cēterum cēnseō Carthāginem esse dēlendam.
Im Übrigen bin ich der Meinung/Im Übrigen stelle ich den Antrag, dass Karthago zerstört werden muss.

Satzlehre

▶ Bei diesem Beispielsatz handelt es sich um einen **AcI**. Mehr zu dieser Konstruktion erfährst im entsprechenden Kapitel!

Die Person, die etwas tun muss bzw. nicht tun darf, steht immer im **Dativ** (**dativus auctōris**).

Cunīculus mihi caedendus nōn est.
wörtlich: *Das Kaninchen ist mir nicht ein zu schlachtendes.*
Das Kaninchen darf von mir nicht geschlachtet werden.
Besser: *Ich darf das Kaninchen nicht schlachten.*

Unpersönliche Konstruktionen werden mit „man muss" bzw. „man darf nicht" wiedergegeben.

Philosophandum est.
(Es muss philosophiert werden.) Man muss philosophieren.

Cunīculum caedendum nōn est.
Man darf das Kaninchen nicht schlachten.

In Kombination mit manchen Verben, z.B. **concēdere** *überlassen*, **permittere** *überlassen*, **dare** *geben*, **relinquere** *zurücklassen* und **trādere** *übergeben*, drückt das Gerundivum eine Absicht oder einen Zweck aus. Diese lateinische Wendung wird durch einen finalen Nebensatz ins Deutsche übertragen.

Cunīculum caedendum tibi trādō.
wörtlich: *Ich übergebe dir das zu schlachtende Kaninchen.*
Ich übergebe dir das Kaninchen, damit du es schlachtest.

Partizipien

Bei den Partizipien handelt es sich (wie bei Gerundium und Gerundivum) um **Nominalformen des Verbs**. Sie werden **dekliniert**, bilden Formen in allen Genera und stehen als **Verbaladjektive** in **KNG-Kongruenz** zu ihrem Bezugswort.

cunīculus dormiēns	*ein schlafendes Kaninchen*
cunīculus caesus	*ein geschlachtetes Kaninchen*
cunīculus moritūrus	*ein Kaninchen, das sterben wird*

Satzergänzungen

Wesentlich häufiger als in ihrer attributiven (wie in den vorangehenden Beispielen) kommen Partizipien in prädikativer Verwendung als **Participium coniūnctum** (P.c.) oder **Ablātivus absolūtus** (Abl.abs.) vor. Beide Konstruktionen sind Spezialitäten des Lateinischen, die es dem Sprecher ermöglichen Gedankengänge sehr komprimiert darzustellen. Sie sind **satzwertige Konstruktionen** und stellen einen Ersatz für einen Gliedsatz dar.

Das **Partizip Präsens Aktiv** (PPA) wird dekliniert wie Adjektive der 3. Deklination auf **-ns** (z.B. **prūdēns, -ntis**), nur im Ablativ Singular kommt neben **-ī** auch die Endung **-e** vor. **Partizip Perfekt Passiv** (PPP) und **Partizip Futur Aktiv** (PFA) richten sich nach der a-/o- Deklination.
▶ Zur Bildung der Partizipien erfährst du mehr bei den **Konjugationen der Verben**!

Das Participium coniūnctum

Alle Partizipien können als **Participium coniūnctum** (P.c.) verwendet werden. Es steht häufig im Nominativ, kann aber in allen Kasus vorkommen. Jedes Partizip im Nominativ, Genitiv, Dativ, Akkusativ - nach einer Präposition auch im Ablativ -, das mit einem Nomen durch **KNG-Kongruenz** verbunden ist, ist daher ein P.c.. Partizipien, die im **Ablativ** mit einem kongruenten Nomen **ohne Präposition** stehen, sind keine P.c., sondern **Ablātivī absolūtī** (▶ siehe nächstes Kapitel).

Die Besonderheit des P.c. ist, dass das Bezugswort allein (ohne das Partizip) eine syntaktische Funktion im Satz erfüllt, d.h. es kann Subjekt, Objekt etc. sein. Wenn man das Partizip streichen würde, wäre der Satz trotzdem grammatisch vollständig. Das Partizip erklärt als **Attribut** das integrierte Nomen näher, ist also unmittelbar mit dem Satz verbunden (**coniūnctum**).

Liberī cunīculum ā patre caesum ēdērunt.
Die Kinder aßen das vom Vater geschlachtete Kaninchen.

Das **P.c.** kann auf verschiedene Weisen ins Deutsche übersetzt werden. Eine wörtliche Übersetzung ist zwar manchmal möglich, aber aus stilistischen Gründen im Deutschen unüblich. Es gibt verschiedene Möglichkeiten, ein P.c. ins Deutsche zu übertragen.

Satzlehre

Relativsatz	Die Kinder aßen das Kaninchen, das vom Vater geschlachtet wurde.
subjunktionaler Gliedsatz	Nachdem das Kaninchen vom Vater geschlachtet worden war, aßen es die Kinder.
Präpositionalausdruck	Die Kinder aßen das Kaninchen nach seiner Schlachtung durch den Vater.
Beiordnung	Das Kaninchen wurde vom Vater geschlachtet und (dann) von den Kindern gegessen.

Nähere Bestimmungen (Objekte, Adverbien usw.), die zum P.c. hinzutreten (in den obigen Beispielen **ā patre**), stehen im Lateinischen zwischen Bezugswort und Partizip, welche ihrerseits in Gesperrtstellung (Hyperbaton) stehen.

Das **Partizip** des P.c. drückt ein **Zeitverhältnis** zur Haupthandlung aus.

Partizip Perfekt	Cunīculum caesum ēdērunt. *Nachdem das Kaninchen geschlachtet worden war, aßen sie dieses.*	**Partizip der Vorzeitigkeit**
Partizip Präsens	Pater caedens flēvit. *Während der Vater schlachtete, weinte er.*	**Partizip der Gleichzeitigkeit**
Partizip Futur	Pater caesūrus flēvit. *Der Vater, der vorhatte zu schlachten, weinte.*	**Partizip der Nachzeitigkeit**

 Das nominale Bezugswort kann beim P.c. fehlen, wenn es als Subjekt des Satzes im Prädikat enthalten ist.

Ā patre caesus ā līberīs ēsus est.
Es wurde von den Kindern gegessen, nachdem es vom Vater geschlachtet worden war.

Satzergänzungen

Der Ablātīvus absolūtus

Neben dem **Participium coniūnctum** ist der **Ablātīvus absolūtus** die zweite Partizipialkonstruktion des Lateinischen. Alle Partizipien, deren Bezugswort im **Ablativ** (ohne **Präposition**!) steht, bilden in KNG-Kongruenz mit diesem einen **Ablātīvus absolūtus**.

Während beim **Participium coniūnctum** das Bezugswort des Partizips allein (ohne das Partizip) eine Funktion im Satz erfüllt, hat das Bezugswort im **Abl. abs.** keine Rolle im Satz. Es könnte ohne das zugehörige Partizip nicht sinnvoll im Satzzusammenhang übersetzt werden. Durch den **Abl. abs.** tritt zur Hauptaussage des Satzes eine weitere Aussage hinzu. Die Konstruktion ist also vom Satz **losgelöst** (**absolūtus**). Sie lässt sich als adverbiale Bestimmung in den Satz einfügen und wird meist mit einem Gliedsatz ins Deutsche übertragen.

Cuniculō ā patre caeso liberī flēvērunt.
Die Kinder weinten, nachdem das Kaninchen vom Vater geschlachtet worden war.

Die Hauptaussage des Beispielsatzes ist, dass die Kinder weinen. Der **Ablātīvus absolūtus** erklärt, warum die Kinder so traurig sind: Ihr geliebtes Kaninchen wurde geschlachtet.

Da es im Deutschen keine vergleichbare Konstruktion gibt, kann der **Ablātīvus absolūtus** nie wörtlich übersetzt werden. Er wird als **satzwertige Konstruktion** mit einem Gliedsatz wiedergegeben, in dem das Bezugswort zum Subjekt und das Partizip zum Prädikat wird.

Wie beim P.c. drückt das Partizip im **Abl. abs.** ein Zeitverhältnis gegenüber der Handlung aus, die im Satz, in den der **Abl. abs.** eingebettet ist, vollzogen wird.

Partizip Perfekt	Cuniculō ā patre caeso liberī flēvērunt. *Nachdem das Kaninchen vom Vater geschlachtet worden war, weinten die Kinder.*	Partizip der Vorzeitigkeit
Partizip Präsens	Patre caedente māter flēvit. *Während der Vater schlachtet, weinte die Mutter.*	Partizip der Gleichzeitigkeit

Ablātīvī absolūtī beinhalten in den meisten Fällen ein **PPP**. Konstruktionen mit dem **PPA** kommen seltener vor. Das **PFA** ist **nie** Bestandteil eines **Abl. abs.**!

Satzlehre

Tipps zur Übersetzung des Abl. abs.: Wenn es sich beim Partizip um ein **PPP** handelt, bilde im Deutschen zunächst einen zur Haupthandlung vorzeitigen mit **„nachdem"** eingeleiteten Nebensatz, in dem das Bezugswort zum Subjekt und das Partizip zum Prädikat wird. Handelt es sich beim Partizip um ein **PPA**, so bilde einen zur Verbalhandlung der Hauptaussage gleichzeitigen Nebensatz, der mit **„während"** eingeleitet wird. Auf diese Weise erschließt du zunächst sicher den Inhalt der Konstruktion. Anschließend kannst du dir überlegen, ob im Kontext eine andere Konjunktion (z.B. *obwohl* oder *als*) passender wäre.

Beachte folgende Besonderheit:
Da es im Lateinischen **kein PPA von esse** gibt, erscheinen Sätze wie **Hannibal dux erat**, **Cicerō cōnsul est** usw. als unvollständige nominale **Ablātīvī absolūtī**:

Hannibale duce	unter Hannibals Führung
Cicerōne cōnsule	unter dem Konsulat Ciceros, als Cicero Konsul war
mē duce	unter meiner Führung
tē absente/praesente	in deiner Abwesenheit/Anwesenheit
mē invītō	gegen meinen Willen
patre vīvō	zu Lebzeiten des Vaters

Satzergänzungen

Konstruktionen mit dem Infinitiv

Es gibt im Lateinischen Sätze, in denen der **Infinitiv als Subjekt** steht. Diese Konstruktionen kommen im Deutschen vor. Sie sind damit hinsichtlich ihrer Übersetzung unproblematisch.

Cunīculum caedere opus est.
Es ist nötig ein Kaninchen zu schlachten.

Auf die Subjektfrage: „*Wer* oder *was* ist nötig?" antwortet der Infinitiv **caedere** *schlachten*.

Der Infinitiv tritt als Subjekt in Verbindung mit **unpersönlichen Ausdrücken** auf.

facile est	*es ist leicht*	**decet**	*es ziemt sich*
tempus est	*es ist Zeit*	**iuvat**	*es freut mich*
mōs est	*es ist Sitte*	**prōdest**	*es nützt*
cōnsuētūdō est	*es ist Brauch*	**praestat**	*es ist besser*
turpe est	*es ist schändlich*	**libet**	*es beliebt*
nōn ferendum est	*es ist unerträglich*	**piget mē**	*mich verdrießt*
ūtile est	*es ist nützlich*	**interest**	*es ist wichtig*
scelus est	*es ist ein Verbrechen*	**opus est**	*es ist nötig*
pār est	*es ist angemessen*	**oportet**	*es gehört sich*
usw.			

▶ Unpersönliche Ausdrücke wie die oben genannten können auch einen **AcI** einleiten. Lies mehr dazu im Kapitel zum **AcI**!

Wenn der Subjektsinfinitiv aus einem Hilfsverb + Prädikatsnomen gebildet wird, steht das Prädikatsnomen im Akkusativ.

Iūcundum esse iuvat. *Es freut mich beliebt zu sein.*

Der **Infinitiv** kann auch die Funktion eines **Objekts** einnehmen. Dies geschieht bei Verben, die auch im Deutschen einer Ergänzung durch einen Infinitiv bedürfen.

Pater cunīculum caedere nōn cūnctātus est.
Der Vater zögerte nicht, das Kaninchen zu schlachten.

Satzlehre

velle	wollen	**statuere**	beschließen
nōlle	nicht wollen	**audēre**	wagen
mālle	lieber wollen	**incipere**	anfangen
cupere	wünschen	**dēsinere**	aufhören
studēre	sich bemühen	**pergere**	fortfahren
posse	können	**solēre**	pflegen
dēbēre	sollen, müssen	**cōnsuēvisse**	gewohnt sein
cōnārī	versuchen	**cūnctārī**	zögern

 Nur die wenigsten lateinischen Infinitive sind Bestandteil einer Konstruktion mit dem „reinen" Infinitiv. Die meisten gehören zu einem **AcI** oder zu einem **NcI**. Prüfe daher immer, ob es sich um einen **AcI** oder **NcI** handeln könnte.

▶ Mehr zu **AcI** und **NcI** erfährst du in den folgenden Kapiteln.

Der „Akkusativ mit Infinitiv" (AcI)

Die meisten lateinischen Infinitive (ca. 95 %!) sind nicht Bestandteil einer Infinitivkonstruktion, sondern gehören zu einem **AcI** (**accūsātīvus cum infinitīvō** Akkusativ mit Infinitiv) oder (viel seltener) zu einem **NcI**. (**nōminātīvus cum infinitīvō** Nominativ mit Infinitiv). Das liegt daran, dass das Lateinische vorzugsweise mit stark komprimierten Formulierungen arbeitet. Neben Partizipialkonstruktionen (**Participium coniūnctum** und **Ablātīvus absolūtus**) und prädikativen Konstruktionen mit Gerundium und Gerundivum sind **AcI** und **NcI** hierfür ein beliebtes Mittel.

Eine mit dem **AcI** vergleichbare Satzkonstruktion kommt auch im Deutschen vor. Meist wird sie bei Verben der sinnlichen Wahrnehmung verwendet.

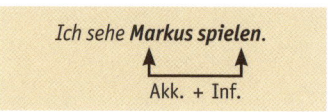

Während solche Konstruktionen in der deutschen Sprache selten verwendet werden, wäre dieser Beispielsatz im Lateinischen eine gängige Konstruktion. Sie würde folgendermaßen lauten:

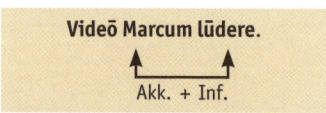

Satzergänzungen

Der **AcI** hängt im Satz von einem übergeordneten Verb („Kopfverb") ab. In unserem Beispiel ist es das Verb **videō**. Im Deutschen könnte man den **AcI** auch mit einem *dass-Satz* wiedergeben, ohne dass sich die Bedeutung verändert.

> *Ich sehe, **dass Markus spielt**.*

Im Lateinischen werden auch solche Aussagesätze mit dem **AcI** konstruiert, die nur mit einem **dass-Satz** und nicht mit einer Infinitivkonstruktion ins Deutsche übertragen werden können. Die handelnde Person, die inhaltlich das Subjekt des **AcI** bildet, steht im Lateinischen immer im Akkusativ (**„Subjektsakkusativ"**). Das Prädikat des **AcI** bildet ein Infinitiv (**„Prädikatsinfinitiv"**). Das **AcI**-Subjekt und das **AcI**-Prädikat können wie normale Sätze erweitert werden.

Videō Marcum semper cum amīcō Gāiō lūdere.
Ich sehe, dass Markus immer mit seinem Freund Gaius spielt.

Der **AcI** antwortet auf die Frage *wen oder was* sieht Markus? Er übernimmt die syntaktische Funktion eines **Objekts**.

Beachte, dass der **AcI** nicht durch Kommata abgetrennt wird. Das liegt daran, dass er nicht als Gliedsatz, sondern als **Satzglied** (satzwertige Konstruktion) behandelt wird, das in den Satzzusammenhang eingebettet ist. Das macht es schwieriger, einen **AcI** sofort zu entdecken.

Wenn das Subjekt des Kopfverbs und des **AcI** dasselbe ist, wird es im Singular und im Plural durch das Reflexivpronomen **sē** ersetzt.

Marcus dīcit sē semper cum amīcō Gāiō lūdere.	*Markus sagt, dass er immer mit seinem Freund Gaius spielt.*
Marcus et Gāius dīcunt sē semper inter sē lūdere.	*Markus und Gaius sagen, dass sie immer miteinander spielen.*

Unterscheidet sich das Subjekt des übergeordneten Satzes vom Subjekt des **AcI**, wird das Reflexivpronomen **sē** durch das nicht reflexive Personalpronomen **eum** bzw. **eōs/eās** ausgetauscht.

Claudius scit eōs (Marcus et Gāius) semper lūdere.
Claudius weiß, dass sie (Markus und Gaius) immer spielen.

Satzlehre

Je nachdem in welchem **Zeitverhältnis** die Handlung des **AcI** zum übergeordneten Satz steht, wird der **Prädikatsinfinitiv** ausgewählt. Er kann in Bezug auf das **Hauptsatzprädikat** vorzeitig, gleichzeitig oder nachzeitig sein.

> Infinitiv Perfekt = Vorzeitigkeit
> Infinitiv Präsens = Gleichzeitigkeit
> Infinitiv Futur   = Nachzeitigkeit

Vorzeitig	**Liberī sciunt patrem cunīculum cecīdisse.**
	Die Kinder wissen, dass der Vater das Kaninchen geschlachtet hat.
Gleichzeitig	**Liberī sciunt patrem cunīculum caedere.**
	Die Kinder wissen, dass der Vater das Kaninchen schlachtet.
Nachzeitig	**Liberī sciunt patrem cunīculum caesurum esse.**
	Die Kinder wissen, dass der Vater das Kaninchen schlachten wird.

Im Lateinischen gibt es bestimmte Verben, die oft den **AcI** als Objekt nach sich haben.

Er steht nach Verben des Sagens und Meinens (**verba dīcendī et sentiendī**) oder bei Verben des Gefühls und der Gefühlsäußerung (**verba affectūs**), z.B.:

dīcere	sagen	vidēre	sehen
negāre	Verneinen, leugnen	putāre	meinen, glauben
iubēre	anordnen, befehlen	audīre	hören
nuntiāre	melden	mīrārī	sich wundern
clamāre	rufen	querī	klagen, sich beklagen
scīre	wissen	dolēre	bedauern
intellegere	erkennen, einsehen	gaudēre	sich freuen

Der AcI folgt oft nach **unpersönlichen Ausdrücken**, z.B.:

cōnstat	es steht fest	necesse est	es ist notwendig
appāret	es ist offensichtlich	fāma est	es kursiert das Gerücht
mē fugit	es entgeht mir	oportet	es gehört sich

 Wenn der Prädikatsinfinitiv aus einer mit **esse** zusammengesetzten Form besteht, kann **esse** wegfallen.

Satzergänzungen

Der **AcI** ist in lateinischen Texten manchmal nicht ganz leicht zu finden, da er nicht durch Kommata abgetrennt und die Satzstellung beliebig ist.

> **Mundum** Stoici censent **regi numine deorum, eumque esse quasi communem urbem et civitatem hominum et deorum, et unumquemque nostrum eius mundi esse partem**; ex quo illud natura consequi, ut communem utilitatem nostrae anteponamus. (Cicero, de finibus III 63)
>
> Die Stoiker sind der Meinung, **dass die Welt vom Walten der Götter regiert werde und dass sie gleichsam eine gemeinsame Stadt und Bürgerschaft von Menschen und Göttern ist, und dass jeder einzelne von uns ein Teil dieser Welt ist;** daraus folge naturgegeben, dass wir das Wohl der Gemeinschaft unserem eigenen Nutzen vorziehen.

Der „Nominativ mit Infinitiv" (NcI)

Bei manchen transitiven Verben tritt bei der Umformung ins **Passiv** an die Stelle des **AcI** eine **Infinitivkonstruktion** mit einem **Nominativ**, der zugleich Subjekt des übergeordneten Satzes ist.

Cuniculi dicuntur animalia domita esse.
Man sagt, dass Kaninchen zahme Tiere sind.

Wie der AcI kann der NcI mit einem deutschen **dass-Satz** wiedergegeben werden. Auch das **Prädikatsnomen** steht, falls vorhanden, im **Nominativ**.

Die wörtliche Übertragung eines NcI ins Deutsche ist zwar nicht möglich und grundsätzlich sinnwidrig, sie ermöglicht dir jedoch, zunächst den Inhalt des Satzes zu erfassen. Anschließend kannst du über eine andere Übersetzungsmöglichkeit nachdenken.
(*Kaninchen werden gesagt zahme Tiere zu sein. = Man sagt, dass Kaninchen zahme Tiere sind.)

Der **NcI** tritt zusammen mit **vidērī** *scheinen*, **dīcī** *gesagt werden*, **putārī** *gehalten werden für* und ähnlichen Verben in allen Personen des Singulars und Plurals auf. Bei **trādere** und **ferre** in der Bedeutung *überliefern, berichten* kommt er nur in der **3. Pers.** Pass. Sing. oder Pl. vor.

Satzlehre

Dīcor cunīculum amāvisse.
Von mir wird gesagt, dass ich das Kaninchen geliebt habe.

Līberī trāduntur cum cunīculīs lūsisse.
Von den Kindern wird überliefert, dass sie mit den Kaninchen gespielt haben.

Darüber hinaus steht er bei **iubērī** *befehlen*, **sinī** *gestatten*, **vetārī** *verbieten*, **cōgī** *gezwungen werden* und bei Verben mit ähnlicher Bedeutung in allen Personen des Singulars und Plurals.

Pater iubētur cunīculum caedere.
Dem Vater wurde befohlen, dass er das Kaninchen schlachten soll.

▶ Das **Zeitverhältnis** der Infinitive zum übergeordneten Verb ist im **NcI** genauso geregelt wie im **AcI**. Lies im entsprechenden Kapitel nach, wenn du etwas dazu erfahren willst!

18 Die Satzarten

Im Deutschen werden im Wesentlichen **drei Satzarten** unterschieden. Ihre Bezeichnung hängt mit dem Bedeutungsinhalt ihrer Satzart zusammen.

- **Aussagesätze**: Sie formulieren eine **Aussage**.
- **Fragesätze**: Sie formulieren eine **Frage**.
- **Aufforderungs-** bzw. **Ausrufesätze**: Sie formulieren eine **Aufforderung** oder einen **Ausruf**.

Darüber hinaus gibt es **Hauptsätze** und **Gliedsätze** (oft auch als Nebensätze bezeichnet). **Gliedsätze** übernehmen die syntaktische Funktion eines **Satzglieds** und können daher nicht ohne einen **Hauptsatz** in Erscheinung treten. Im Deutschen erkennt man einen Gliedsatz an der **Endstellung des Prädikats** und an der Einleitung durch eine **unterordnende Konjunktion, ein Pronomen, Adverb** oder **Fragewort**.

Nachdem das Kaninchen geschlachtet worden war, brachte es der Vater zum Metzger.

▶ Einen Überblick über die verschiedenen Gliedsatzarten erhältst du im Kapitel **Satzgefüge**.

Satzarten

Das Lateinische unterscheidet dieselben Gliedsatzarten wie die deutsche Sprache. Im Folgenden erhältst du weitere Informationen zu den Hauptsatz- und Gliedsatzarten im Lateinischen. Am wichtigsten ist es, über den **Modusgebrauch** Bescheid zu wissen, weil er nicht immer mit dem Deutschen übereinstimmt. Nur weil im Lateinischen der **Konjunktiv** steht, heißt es noch lange nicht, dass er als solcher übersetzt wird!

▶ Es gibt im Lateinischen Möglichkeiten, die Informationen, die in deutschen Gliedsätzen enthalten sind, komprimierter zu „verpacken". Lies mehr dazu in den Kapiteln zu den **Satzwertigen Konstruktionen**!

Aussagesätze

Modus	In Aussagesätzen steht in der Regel der **Indikativ** aller Tempora, es sei denn, sie formulieren eine Möglichkeit oder der Sprecher hält seine Behauptung für unwirklich. Dann steht der **Konjunktiv** (Potentialis oder Irrealis).
Verneinung	**nōn**
	selten: **nihil** *nichts*, **numquam** *niemals*, **nūllō modō** *keinesfalls*, **minimē** *überhaupt nicht*
	doppelte Negation = verstärkte Behauptung:
	nēmō nōn *jeder*, **nōn ignōrō** *ich weiß genau*, **nōnnumquam** *manchmal*
	Negationen heben sich nicht auf, wenn sie nicht direkt hintereinander stehen:
	neque – neque *weder – noch*, **nē – quidem** *nicht einmal*

Satzlehre

Übersicht über die Modi im Aussagesatz:

Indikativ Präsens Das Geschehen wird als wirklich dargestellt → **Realis**.	**Liberī tristēs sunt, sī cunīculus caeditur.** *Die Kinder sind traurig, wenn das Kaninchen geschlachtet wird.*
Konjunktiv Präsens Schwächt den Grad der Wirklichkeit zu einer Möglichkeit ab. (Potentialis der Gegenwart)	**Liberī tristēs sint, sī cunīculus caeditur.** *Die Kinder dürften wohl traurig sein, wenn das Kaninchen geschlachtet wird.*
Konjunktiv Perfekt Bedeutungsgleich mit Konjunktiv Präsens. → **Potentialis der Gegenwart**	**Nēmō laetātus sit cunīculum caesum esse.** *Niemand dürfte wohl fröhlich darüber sein, dass das Kaninchen geschlachtet wurde.*
Konjunktiv Imperfekt Drückt eine Möglichkeit in der Vergangenheit aus. → **Potentialis der Vergangenheit** Er ist auf gewisse Wendungen beschränkt, wie **crēderēs**, **dīcerēs** *man hätte sagen können* oder **vidērēs** *man hätte sehen können*	**Nōn facile discernerēs, utrum cunīculus an bōs caesus esset.** *Man hätte nicht leicht entscheiden können, ob das Kaninchen oder die Kuh geschlachtet werden sollte.*
Der Sprecher nimmt etwas an, was in Wirklichkeit nicht eingetreten ist. → **Irrealis der Gegenwart**	*Die Kinder würden weinen, egal ob das Kaninchen oder die Kuh geschlachtet worden wäre.*
Konjunktiv Plusquamperfekt Formuliert eine Annahme über ein Ereignis in der Vergangenheit. → **Irrealis der Vergangenheit**	**Liberī nōn flēvissent, sī cunīculus nōn caesus esset.** *Die Kinder hätten nicht geweint, wenn das Kaninchen nicht geschlachtet worden wäre.*

Unabhängige Fragesätze

Im Folgenden geht es um Fragesätze, die **unabhängig** sind. Damit ist gemeint, dass sie als Hauptsätze auftreten und nicht von einem übergeordneten Satz abhängig sind.

Modus	Der Modusgebrauch in unabhängigen Fragesätzen entspricht dem der Aussagesätze! Als weitere Verwendungsart des Konjunktivs kommt der **Deliberativ** dazu, der einen Zweifelsfrage an die eigene Person formuliert. **quid făciam?** *Was soll ich tun?* **quid făcerem?** *Was hätte ich tun sollen?*
Verneinung	Unabhängige Fragesätze werden wie Aussagesätze verneint.

Satzarten

Übersicht über die verschiedenen Arten von Fragesätzen:

Wortfrage: Frage nach einer Person, einer Sache oder einem konkreten Sachverhalt. Sie werden durch ein **Fragepronomen** oder **Frageadverb** eingeleitet wie **quis?** *wer?*, **quid?** *was*, **quandō?** *wann?*, **ubi?** *wo?* und **cūr?** *warum?*

Quandō cunīculus caedētur?
Wann wird das Kaninchen geschlachtet werden?

Satzfrage: Frage nach einem Sachverhalt. Die Fragen werden nicht mit einem einleitenden Fragewort gestellt, sondern mit einem ganzen Satz formuliert. Welcher (meist nicht übersetzte) **Fragepartikel** verwendet wird, richtet sich nach der **erwarteten Antwort:**

-ne: meist an das betonte Wort angehängt, lässt Antwort **ja** oder **nein** erwarten

Vidēsne patrem?
Siehst du den Vater?

nōnne *(etwa) nicht*: die Antwort **ja** wird erwartet

Nōnne patrem vidēs?
Siehst du den Vater (etwa) nicht?

num *etwa*: die Antwort **nein** wird erwartet

Num patrem vidēs?
Siehst du etwa den Vater?

Entscheidungsfrage: Sie stellt zwei Möglichkeiten zur Wahl und wird mit **utrum – an, -ne – an,** oder einem bloßen **...- an** formuliert.

(Utrum) patrem an mātrem vidēs?
Siehst du den Vater oder die Mutter?

Rhetorische Frage: Sie stellt eine Besonderheit dar, weil es sich nur rein formal um eine Frage, dem Inhalt nach jedoch um eine **Aussage** handelt, die keine **Antwort** erwarten lässt.

Quid est pulchrius cunīculō?
Was ist schöner als das Kaninchen?
→ Der Sprecher will nicht tatsächlich wissen, was schöner als das Kaninchen ist, sondern feststellen, dass das Kaninchen außerordentlich schön ist.

Satzlehre

Unabhängige Aufforderungs- und Wunschsätze

Im Folgenden geht es um Aufforderungs- und Wunschsätze, die **unabhängig** sind. Damit ist gemeint, dass sie als Hauptsätze auftreten und nicht von einem übergeordneten Satz abhängig sind.

Modus	**Imperativ** oder **Konjunktiv**
Verneinung	nē
	seltener: **nihil** *nichts*, **numquam** *niemals*

Übersicht über die verschiedenen Arten von Aufforderungs- und Wunschsätzen:

Befehle
Durch den **Imperativ I** wird ein Befehl an die 2. Person ausgedrückt. Er kann **nicht** mit einer **Verneinung** verbunden werden.

Vocā patrem!
Rufe den Vater!

Verbot
Ein Verbot/verneinter Befehl wird durch **nē +** **Konjunktiv Perfekt** formuliert (**Prohibitiv**) oder **nōlī** (Singular) bzw. **nōlīte** (Plural) **+ Infinitiv**

Nē vocāveris patrem!
Rufe den Vater nicht!
Nōlī patrem vocāre!
Rufe den Vater nicht!
Nōlīte patrem vocāre!
Ruft den Vater nicht!

Aufforderungen
Mit dem **Hortativ** werden Aufforderungen an die 1. Person Plural im **Konjunktiv Präsens** formuliert.

Eāmus domum!
Lasst uns nach Hause gehen!

Aufforderungen an die 3. Person Singular und Plural werden im Konjunktiv Präsens ausgedrückt (**Iussiv**).

Patrem vōcet!
Er soll den Vater rufen!

Wünsche
Wünsche werden mit dem Konjunktiv formuliert (**Optativ**). Wünsche, die der Sprecher für **erfüllbar** hält, stehen im **Konjunktiv Präsens** (Gegenwart) oder **Konjunktiv Perfekt** (erfüllbare Wünsche der Vergangenheit). Für **unerfüllbar** gedachte Wünsche verwendet man den **Konjunktiv Imperfekt** (Gegenwart) und **Konjunktiv Plusquamperfekt** (Vergangenheit).

(Utinam) vocet patrem!
Hoffentlich ruft er den Vater!

(Utinam) vocāvisset patrem!
Wenn er doch den Vater gerufen hätte!

Satzarten

Satzreihen (Parataxen)

Die meisten lateinischen Sätze sind zusammengesetzt, d.h. sie bestehen aus einem oder mehreren Hauptsätzen und enthalten möglicherweise abhängige Gliedsätze. Wie im Deutschen unterscheidet man im Lateinischen zwischen einer **Satzreihe (Parataxe)** und einem **Satzgefüge (Hypotaxe)**.

Der Begriff Satzreihe deutet darauf hin, dass in dieser Konstruktion **gleichberechtigte Sätze aneinandergereiht** sind. Zwei oder mehrere Hauptsätze bilden die so genannte **Parataxe**. Sie können durch ein **Bindewort (Konjunktion)** verbunden sein oder **asyndetisch** (unverbunden = ohne Bindewort) nebeneinander stehen. Das **Asyndeton** (unverbundene Reihung) wird häufig als Stilmittel eingesetzt. Es verleiht einem Geschehen eine gewisse Dynamik und dient dazu, beim Hörer Spannung zu erzeugen.

Vēnī, vīdī, vīcī.
Ich kam, sah und siegte.

In der deutschen Übersetzung wird vor das letzte Glied zumeist ein *und* gesetzt. Es gibt im Lateinischen verschiedene Möglichkeiten, Satzreihen durch **Konjunktionen** zu verbinden. Die folgende Tabelle gibt dir einen Überblick über die wichtigsten von ihnen, die sowohl Satzreihen als auch Satzglieder verbinden können:

et, -que, atque *und*	
et steht im Lateinischen häufig zwischen allen Gliedern der Aufzählung, die verbunden werden sollen. Im Deutschen ist es üblich, bei einer Aufzählung das *und* nur vor das letzte Glied zu setzen. Das solltest du bei deiner Übersetzung berücksichtigen	**Pater cunīculum cecīdit et māter tristis fuit et līberī flēvērunt.** *Der Vater schlachtete das Kaninchen, die Mutter war traurig und die Kinder weinten.*
-que verbindet einzelne Begriffe (keine Sätze), die **eng zusammengehören**. Häufig sind dies Wörter, die eine ähnliche (**synonyme**) oder gegensätzliche (**antonyme**) Bedeutung haben. **–que** wird nie an das erste Glied einer Aufzählung angehängt.	**terrā marīque** *zu Wasser und zu Land* **senātus populusque Rōmānus** *der Senat und das römische Volk*
atque verbindet ebenso meist zusammengehörige Begriffe und legt die Betonung auf das nachfolgende Wort.	**Idem velle atque idem nōlle, ea dēmum firma amīcitia est.** *Dasselbe zu wollen und dasselbe nicht zu wollen, dies ist erst die wirklich feste Freundschaft.*

Satzlehre

WEITERE KONJUNKTIONEN:			
etiam	auch, sogar	neque (nec)	und nicht, auch nicht
quoque	auch	nē – quidem	nicht einmal
aut	oder	-ve	oder
vel	oder	sīve	oder
sed	aber, sondern	vērum	aber, sondern
autem	aber, ferner, nun	at	jedoch
tamen	dennoch	vērō	aber, vollends
nam	denn	enim	nämlich
itaque	daher, also	igitur	daher, also
ergō	folglich	proinde	demnach
et – et	sowohl – als auch	aut – aut	entweder – oder
neque – neque	weder – noch	vel – vel	entweder – oder
cum – tum	sowohl – als auch besonders	nōn modo/sōlum – sed etiam	nicht nur – sondern auch

Satzgefüge (Hypotaxen)

Als **Satzgefüge (Hypotaxe)** wird eine Konstruktion bezeichnet, die nicht nur aus gleichberechtigten Hauptsätzen, sondern auch aus **abhängigen, untergeordneten Gliedsätzen** besteht. Die Sätze werden als abhängig bezeichnet, weil sie nicht alleine, sondern nur in einem Satzgefüge auftreten können, das aus mindestens einem Hauptsatz und beliebig vielen Gliedsätzen besteht.

Man unterscheidet
- **Gliedsätze ersten Grades**, die von einem Hauptsatz abhängig sind.
- **Gliedsätze zweiten Grades**, die von einem Gliedsatz ersten Grades abhängig sind.
- **Gliedsätze dritten Grades**, die von einem Gliedsatz zweiten Grades abhängig sind usw.

Die folgende Tabelle gibt einen Überblick über die verschiedenen Gliedsatzarten, die es sowohl in der deutschen Sprache als auch im Lateinischen gibt.

Satzarten

Gliedsatzart/syntaktische Funktion	„Signalwort"	Beispiel
Subjektsatz/Subjekt (Antwort auf die Frage: *wer* bzw. *was?*)	*dass, ob* oder *Fragepronomen*	Es ist nicht schön, **dass** das Kaninchen geschlachtet worden ist.
Objektsatz/Objekt (Antwort auf die Frage: *wen* bzw. *was?*)	*dass, ob* oder *Fragepronomen*	Ich fragte dich, **ob** du meine Frau werden willst.
Folgende Gliedsatzarten erfüllen die Funktion eines **Adverbiales**:		
Temporalsätze (Antwort auf die Frage: *wann?*)	*als, nachdem, während* u.ä.	**Nachdem** ich aus der Schule gekommen war, aß ich zu Mittag.
Konditionalsätze (Antwort auf die Frage: *unter welchen Umständen?*)	*wenn, falls*	**Wenn** du mein Freund bist, stehst du mir bei.
Konzessivsätze (enthalten eine **Einschränkung**)	*obwohl, wenn auch*	Ich bin traurig, **obwohl** das Kaninchen gut geschmeckt hat.
Kausalsätze (Antwort auf die Frage: *warum?*)	*weil*	Du bist fleißig, **weil** du dich mit der lateinischen Grammatik beschäftigst.
Modalsätze (Antwort auf die Frage: *wie?*)	*indem, dadurch dass*	**Indem** wir Sport treiben, halten wir uns fit.
Komparativsätze (enthalten einen **Vergleich**)	*als*	Es ist besser zu verhungern, **als** das Kaninchen zu essen.
Adversativsätze (enthalten eine **Gegenüberstellung**)	*während*	Ich bin wenigstens bemüht, **während** du es nicht einmal versuchst.
Finalsätze (Antwort auf die Frage: *zu welchem Zweck?*)	*dass, damit*	Ein Lehrer verreist, **damit** er sich von seinen Schülern erholen kann.
Konsekutivsätze (enthalten eine **Folge**)	*(so) dass*	Ich wurde arbeitslos, **so dass** ich sehr sparsam leben musste.
Lokalsatz (Antwort auf die Frage: *wo? wohin?*)	*wo, wohin*	Ich lebe da, **wo** es mir gefällt.
Relativsätze/Attribut (enthalten eine nähere Bestimmung zu einem Nomen, einer Sache oder einem Sachverhalt)	*Relativpronomen (wer, welcher, der usw.)*	Der Lehrer, **der/welcher** im Urlaub war, kehrte nie wieder zurück.
Prädikativsätze/Prädikativum (enthalten nähere Bestimmung zum Prädikatsvorgang)		Der Urlaub ist genau so, **wie** wir ihn uns vorgestellt haben.

Satzlehre

Im Folgenden werden die verschiedenen Gliedsatzarten mit ihren Besonderheiten vorgestellt. Es geht jedoch nicht um die Zeitenfolge. Der Schwerpunkt liegt auf der **Sinnrichtung der Gliedsatzarten** und dem **Modusgebrauch in Gliedsätzen**.
▶ Die **Zeitenfolge** in indikativischen und konjunktivischen Gliedsätzen kannst du im Kapitel zur Zeitenfolge nachlesen!

Indirekte Fragesätze

MODUS:	KONJUNKTIV
Übersetzung:	Je nach Kontext; häufig wird der Konjunktiv nicht übersetzt.
Verneinung:	**nōn**
Abhängig von:	Ausdruck des Sagens, Fragens, Wissens wie **nescīre** *nicht wissen*, **dubitāre** *zweifeln*, **rogāre** *fragen*
Eingeleitet durch:	**Fragepronomen** oder **Frageadverbien** ▶ mehr dazu im Kapitel zu den Fragesätzen!
Unterscheidung zwischen:	**Wortfragen**, **Satzfragen** und **Doppelfragen** ▶ mehr dazu im Kapitel zu den Fragesätzen!
Syntaktische Funktion:	**Subjekt**, **Objekt** oder **Prädikativ**

Beispiele:

Nesciō, quid respondeam.
Ich weiß nicht, was ich antworten soll.

Quid est (causae), cūr cunīculus caesus sit?
Was ist der Grund, warum das Kaninchen geschlachtet wurde?

Dubitō, an cunīculus nōn caesus sit.
Ich zweifle, ob das Kaninchen geschlachtet worden ist.

Dēlīberandum est, utrum cunīculus an bōs caedendus sit.
Man muss überlegen, ob das Kaninchen oder die Kuh geschlachtet werden soll.

 Im Deutschen ist nach Verben des Sagens usw. ein Relativsatz genauso denkbar. Im Lateinischen wird jedoch der konjunktivische indirekte Fragesatz bevorzugt.

Satzarten

Temporalsätze

Temporalsätze (**tempus** *Zeit*) enthalten eine **Zeitangabe**.

MODUS	KONJUNKTIV ODER INDIKATIV
Übersetzung:	Der Konjunktiv wird nicht übersetzt.
Verneinung:	**nōn**
Eingeleitet durch:	**cum** *als, nachdem, während, (jedes Mal) wenn*, **postquam** *nachdem*, **antequam** *bevor* u.a.
Syntaktische Funktion:	**Adverbiale**

Ob in einem Temporalsatz der Indikativ oder der Konjunktiv steht, hängt von der einleitenden Konjunktion des Gliedsatzes ab. Eine beliebte Konjunktion in temporalen Gliedsätzen ist das lateinische **cum**. Je nach Bedeutung wird es zusammen mit dem **Indikativ** oder mit dem **Konjunktiv** verwendet. Wenn du einen Satz übersetzt, in dem **cum** vorkommt, musst du also bei deiner Übersetzung auch den Modus des Prädikats beachten.

In der folgenden Tabelle erhältst du einen Überblick darüber, welche lateinischen Konjunktionen den Indikativ, welche den Konjunktiv verlangen.

KONJUNKTIONEN MIT DEM INDIKATIV	
cum *damals, als, nachdem, seitdem* (**cum temporāle**) Es betont den Zeitpunkt einer Handlung und steht mit dem Indikativ aller Tempora.	**Māter eō tempore librum lēgit, cum pater cunīculum cecīdit.** *Die Mutter las zu diesem Zeitpunkt ein Buch, als der Vater das Kaninchen schlachtete.*
cum *als (plötzlich)* (**cum inversīvum**) Es verbindet zwei Ereignisse, die rasch hintereinander eingetreten sind.	**Pater cunīculum cecīdit, cum māter vēnit.** *Der Vater schlachtete das Kaninchen, als plötzlich die Mutter kam.*
cum *jedes Mal, wenn; sooft* (**cum iterātīvum**) Außerdem haben **quotiēns** und **quotiēnscumque** dieselbe Bedeutung.	**Cum pater cunīculum cecīdit, māter vēnit.** *Jedes Mal, wenn der Vater ein Kaninchen schlachtete, kam die Mutter.*
postquam *nachdem* Es steht mit **Indikativ Perfekt**.	**Postquam cunīculus caesus est, līberī flēvērunt.** *Nachdem das Kaninchen geschlachtet worden war, weinten die Kinder.*

Satzlehre

ut (prīmum), **cum** (prīmum), **ubi** (prīmum), **simul** *sobald*
Mit diesen Konjunktionen wird der **Indikativ Perfekt** verwendet.

Ut cunīculus caesus est, līberī flēvērunt.
Sobald das Kaninchen geschlachtet wurde, weinten die Kinder.

dum, dōnec, quoad, quamdiū *solange (als)*
Sie verbinden zwei Handlungen, die zeitlich zusammen fallen.

Māter domum pūrgāvit, dum pater cunīculōs cecīdit.
Die Mutter putzte das Haus, solange der Vater die Kaninchen schlachtete.

dum *während*
Es steht **immer** mit dem **Indikativ Präsens**.

Māter domum pūrgāvit, dum pater cunīculōs caedit.
Die Mutter putzte das Haus, während der Vater die Kaninchen schlachtete.

KONJUNKTIONEN MIT KONJUNKTIV

cum *als*
(**cum nārrātīvum** oder **historicum**)
Es enthält wie das **cum temporāle** eine Zeitangabe, hat jedoch einen kausalen Nebensinn. Seinen Namen erhält dieses **cum**, weil es oft in **Erzählungen** (**nārrāre** *erzählen*) vorkommt.

Līberī flēvērunt, cum cunīculus caesus sit.
Die Kinder weinten, als das Kaninchen geschlachtet wurde.

Konjunktionen mit Indikativ oder Konjunktiv

antequam, anteāquam, priusquam *ehe, bevor*
Diese Konjunktionen stehen mit Indikativ, es sei denn, der von ihnen eingeleitete Gliedsatz hat einen finalen Nebensinn.

Pater secūrem comparāverat, antequam cunīculum cecīderit.
Der Vater hatte sich eine Axt besorgt, bevor er das Kaninchen schlachtete.
Der Gliedsatz hat einen finalen Nebensinn, weil man davon ausgehen kann, dass sich der Vater die Axt besorgte, um damit das Kaninchen zu schlachten.

dum, dōnec, quoad *(solange) bis*
Sie stehen mit Indikativ, es sei denn, der von ihnen eingeleitete Gliedsatz hat einen Nebensinn.

Domum pūrgāvī, dum cunīculum cecīderim.
Ich habe das Haus geputzt, bis ich das Kaninchen geschlachtet habe.
Der Gliedsatz hat einen Nebensinn, weil man davon ausgehen kann, dass das Putzen eingestellt wurde, um das Kaninchen zu schlachten.

dum in der Bedeutung *solange (als)* steht immer mit dem Indikativ!

Satzarten

Konditionalsätze

Konditionalsätze (**condiciō** *Bedingung*) beinhalten eine Bedingung für die Aussage des übergeordneten Satzes.

Modus:	Indikativ oder Konjunktiv
Übersetzung:	Steht der Konjunktiv, wird er als solcher übersetzt.
Verneinung:	**nisi** *wenn nicht, falls nicht*
Eingeleitet durch:	**sī** *wenn, falls*, **quod sī** *wenn nun, wenn aber*, **dum** *wenn bloß, wenn nur*
Syntaktische Funktion:	**Adverbiale**

Je nach Absicht des Sprechers steht in Bedingungssätzen der Indikativ oder der Konjunktiv. Der Indikativ wird verwendet, wenn die Aussage für realisierbar gehalten wird (**Realis**).

Sī pater cunīculum caedit, eum edimus. Nisi eum caedit, eum non edimus.
Wenn der Vater das Kaninchen schlachtet, essen wir es. Wenn er es nicht schlachtet, essen wir es nicht.

Beinhaltet der Konditionalsatz ein Gedankenspiel, d.h. der Sprecher hält eine Bedingung und ihre Konsequenz für möglich, aber nicht für zwangsläufig, dann steht der **Potentialis** (**Konjunktiv Präsens** oder **Konjunktiv Perfekt**).

Sī pater cunīculum caedat, līberī flēbunt.
Wenn der Vater das Kaninchen schlachten sollte, werden die Kinder weinen.

Formuliert ein Sprecher eine Bedingung, von der er weiß, dass sie nicht in Wirklichkeit eintreten wird, steht der **Irrealis** (**Konjunktiv Imperfekt** oder **Konjunktiv Plusquamperfekt**).

Sī pater cunīculum caederet, līberī flērent.
Wenn der Vater das Kaninchen schlachten würde, würden die Kinder weinen.

KONJUNKTIONEN IM KONDITIONALSATZ				
nisi forte	*wenn nicht etwa, es sei denn*	**sīn, sīn autem**	*wenn aber, falls aber*
sīve – sīve	*sei es, dass – oder dass; ob – oder*	**seu – seu**	*sei es, dass – oder dass; ob – oder*
nōn - nisi	*nur*	**nihil - nisi**	*nichts – außer; nur*
nēmō – nisi	*nur*	**nihil aliud – nisi**	*nur*

Satzlehre

Die Konjunktionen **dum, modo** und **dummodo** *wenn bloß, wenn nur* leiten einen Wunsch ein, werden mit **nē** verneint und stehen immer mit dem Konjunktiv.

Flēverint, dum cunīculum caedere possim.
Sie sollen ruhig weinen, wenn ich nur das Kaninchen schlachten kann.

Einige mit **sī** zusammengesetzte Konjunktionen werden verwendet, um eine reine Annahme zu formulieren. Die Konjunktionen **quasi, tamquam (sī), velut sī** *wie wenn; als ob* stehen immer mit dem Konjunktiv (**Irrealis**).

Konzessivsätze

Konzessivsätze nennen einen **Gegengrund** für den Inhalt des übergeordneten Satzes.

Modus:	Indikativ oder Konjunktiv
Übersetzung:	Der Konjunktiv wird nicht übersetzt.
Verneinung:	nōn
Eingeleitet durch:	quamquam, etsī, cum *obwohl* usw.
Syntaktische Funktion:	Adverbiale

Ob in Konzessivsätzen der Konjunktiv oder der Indikativ gebraucht wird, hängt von der einleitenden Konjunktion ab. Die folgende Tabelle gibt dir einen Überblick, welche Konzessivsätze mit Indikativ, welche mit Konjunktiv stehen:

KONZESSIVE KONJUNKTIONEN MIT INDIKATIV			
quamquam	obwohl, obgleich	**tametsī**	auch wenn, selbst wenn
etsī	auch wenn, selbst wenn	**etiamsī**	auch wenn, selbst wenn
KONZESSIVE KONJUNKTIONEN MIT KONJUNKTIV			
cum (cum concessīvum)	obwohl, obgleich	**quamvīs**	wie sehr auch, obgleich
ut (ut concessīvum)	angenommen, dass; wenn auch	**licet**	mag auch

Satzarten

Beispiele:

Tamen cuniculus caesus est, quamquam liberi cum eō lūdēbant.
Dennoch wurde das Kaninchen geschlachtet, obwohl die Kinder mit diesem spielten.

Cuniculum caedam, cum liberi eum ament.
Ich werde das Kaninchen schlachten, auch wenn die Kinder es lieben.

Kausalsätze

Kausale (**causa** *Grund*) Gliedsätze geben eine **Begründung** für die Handlung des übergeordneten Satzes an.

Modus:	Indikativ oder Konjunktiv
Übersetzung:	Der Konjunktiv wird nicht übersetzt.
Verneinung:	**nōn**
Eingeleitet durch:	**cum, quia, quod** *da, weil*
Syntaktische Funktion:	**Adverbiale**

Kausalsätze stehen im **Indikativ**, wenn sie einen **tatsächlichen Grund** nennen. Bezeichnet der kausale Gliedsatz einen **gedachten Grund**, wird der **Konjunktiv** verwendet. Im Lateinischen werden für beide Modi **verschiedene Konjunktionen** eingesetzt.

KONJUNKTIONEN MIT INDIKATIV			
quod	*da, weil*	**quoniam**	*da ja*
quia	*da, weil*		
KONJUNKTIONEN MIT KONJUNKTIV			
cum (cum causāle)	*da, weil*	**quippe cum**	*da ja*
praesertim cum	*zumal da, besonders dda*		

Pater tristis est, cum cuniculum ceciderit.
Der Vater ist (bestimmt deshalb) traurig, weil er das Kaninchen geschlachtet hat.

Tristis sum, quia cuniculus caesus est.
Ich bin traurig, weil das Kaninchen geschlachtet wurde.

Satzlehre

Adversativsätze

Adversativsätze (**adversārī** *sich widersetzen*) formulieren einen Gegensatz zur Aussage des übergeordneten Satzes.

Modus:	Konjunktiv
Übersetzung:	Der Konjunktiv wird nicht übersetzt.
Verneinung:	**nōn**
Eingeleitet durch:	**cum** *während; während hingegen* (**cum adversātīvum**)
Syntaktische Funktion:	Adverbiale

Beispiel:

Pater cuniculum cecidit, cum māter eum vivere voluerit.
Der Vater schlachtete das Kaninchen, während die Mutter wollte, dass es am Leben bleibt.

Finalsätze

Finalsätze (**fīnālis** *den Zweck betreffend*) bezeichnen eine **Absicht** oder ein **Begehren**.

Modus:	Konjunktiv
Übersetzung:	Der Konjunktiv wird – je nach Kontext – meist nicht übersetzt.
Verneinung:	**nē**
Abhängig von:	Verben des (Auf)Forderns, Wünschens und Sorgens wie **postulāre** *fordern*, **imperāre** *befehlen*, **optāre** *wünschen* und **cūrāre** *sorgen* oder Verben des Fürchtens wie **timēre** oder **metuere** *fürchten*
Eingeleitet durch:	**ut** *dass* oder **nē** *dass nicht*
Syntaktische Funktion:	Adverbiale

Beispiele:

Māter imperat, nē cuniculus caedātur.
Die Mutter befiehlt, dass das Kaninchen nicht geschlachtet wird.

Rogō, ut domum veniās.
Ich bitte darum, dass du nach Hause kommst.

Satzarten

Id eō cōnsiliō fēcī, ut amīcōs dēlectārem.
(Ich habe dies in der Absicht getan, dass ich meinen Freunden eine Freude mache.)
Ich habe dies deshalb getan, um meinen Freunden eine Freude zu bereiten.

 Nach Verben des Fürchtens wie **timēre, metuere, verērī** *fürchten* oder nach **perīculum est** *es besteht die Gefahr* steht **nē** in der Bedeutung von **ut**. Die Verneinung lautet **nē nōn**.

Vereor, nē cunīculus (nōn) caedātur.
Ich befürchte, dass das Kaninchen (nicht) geschlachtet wird.

Konsekutivsätze

Konsekutivsätze (**cōnsequī** *folgen, erreichen*) bezeichnen eine tatsächliche oder mögliche **Folge**.

Modus:	Konjunktiv
Übersetzung:	Der Konjunktiv wird nicht übersetzt.
Verneinung:	**nōn, nēmō, nihil** usw.
Abhängig von:	Unpersönlichen Ausdrücken des Geschehens wie **fit** *es geschieht*, **est** *es ist der Fall*, **mōs est** *es ist Brauch*, demonstrative Beziehungswörter wie **ita** *so*, **adeō** *sehr*, **tantus** *so groß*
Eingeleitet durch:	**ut** *(so) dass/damit*, **ut nōn** *(so) dass/damit nicht*, **ut nēmō** *dass niemand* usw.
Syntaktische Funktion:	**Adverbiale**

Beispiele:

Cōnsuētūdō est, ut cunīculī (nōn) caedantur.
Es ist Brauch, dass Kaninchen (nicht) geschlachtet werden.

Nēmō tam stultus est, ut suā sponte cunīculum caedat, quem amat.
Niemand ist so dumm, dass er freiwillig ein Kaninchen schlachtet, das er liebt.

Satzlehre

Konjunktionalsätze mit quin

Konjunktionalsätze mit **quin** *dass* stehen nach verneinten Hauptsätzen.

Modus:	Konjunktiv
Übersetzung:	Der Konjunktiv wird nicht übersetzt.
Verneinung:	nōn
Abhängig von:	Nach verneinten Ausdrücken des Zweifelns wie **dubitāre** *zweifeln*, Verben des Hinderns und Widerstrebens wie **recūsāre** *sich weigern, ablehnen* und **impedīre** *hindern* oder nach anderen verneinten Verben
Eingeleitet durch:	**quin** *dass*, **quin nōn** *dass nicht*
Syntaktische Funktion:	**Adverbiale**

Nōn dubitō, quin amīcus certus es.
Ich bezweifle nicht, dass du ein zuverlässiger Freund bist.

Relativsätze

Modus:	Konjunktiv oder Indikativ
Übersetzung:	Der Konjunktiv wird – je nach Kontext – übersetzt oder nicht.
Verneinung:	nōn
Eingeleitet durch:	Relativpronomen wie **quī** *welcher* oder durch relative Adverbien wie **ubi** *wo* oder **quandō** *wann*
Syntaktische Funktion:	**Attribut**

Indikativische Relativsätze enthalten eine **rein objektive attributive Bestimmung** oder stehen nach verallgemeinernden Relativpronomen wie **quisquis** *wer auch immer* oder **ubicumque** *wo auch immer*.

Tuī reminīscor, ubicumque es.
Ich denke an dich, wo auch immer du bist.

Relativsätze stehen im **Konjunktiv**, wenn sie eine **konsekutive, finale, kausale, konzessive** oder **adversative** Sinnrichtung haben.

Satzarten

Pater cunīculum cecīdit, quem ederent. *Der Vater schlachtete das Kaninchen, das sie verspeisen wollten.*	Der Relativsatz enthält das **Ziel**, das mit der Schlachtung verbunden ist und hat damit einen **finalen Nebensinn**.
	Der Nebensinn kann auch als **kausal** oder **konsekutiv** betrachtet werden, weil er den Schlachtungsgrund bzw. die Folge der Schachtung angibt.
Pater cunīculum cecīdit, quem nōn ederent. *Der Vater schlachtete das Kaninchen, das sie nicht verspeisen wollten.*	Der Relativsatz enthält einen **konzessiven Nebensinn**: Der Vater schlachtete das Kaninchen trotzdem, **obwohl** sie es überhaupt nicht verspeisen wollten.

 Den Nebensinn eines Relativsatzes erkennst du, indem du zur Probe statt des Relativpronomens eine Konjunktion, wie z.B. *weil*, *obwohl* etc. einsetzt.

Der Vater schlachtete das Kaninchen, weil sie es verspeisen wollten.
= **Kausaler Nebensinn**

Relativsätze stehen außerdem im **Konjunktiv**, wenn sie von einem **unbestimmten Bezugswort** im Hauptsatz abhängen und einen **erklärenden (explikativen) Sinn** haben.

Sunt, quī cunīculōs nōn caedant.
Es gibt Leute, die Kaninchen nicht schlachten.

Weitere Wendungen, nach denen ähnliche konjunktivische Relativsätze folgen, sind:

nēmō est, quī	es gibt keinen, der	**(nōn) est, quod**	es besteht (kein) Grund dazu, dass
nēmō est, quīn	es gibt keinen, der nicht	**nōn habeō, quod**	ich habe keinen Grund dafür, dass

Satzlehre

Als Besonderheit ist zu beachten, dass Relativsätze auch mit einem Gliedsatz, einer Partizipialkonstruktion oder einer satzwertigen Konstruktion **verschränkt** sein können. Damit ist gemeint, dass sie einem Gliedsatz etc. untergeordnet sind und sich das Relativpronomen in seiner Form der jeweiligen Konstruktion anpasst.

Cunīculus, quī quantī aestimāveris sciō, mortuus est.
Das Kaninchen, von dem ich weiß, wie sehr du es geschätzt hast, ist tot.

Das Relativpronomen kann beispielsweise auch **Subjektsakkusativ** in einem AcI sein. Der mit dem AcI verschränkte Relativsatz muss dann frei ins Deutsche übersetzt werden, um ihn mit dem übergeordneten Satz zu verbinden.

Cunīculum doleō, quem ā patre caesum esse sciō.
(Ich trauere um das Kaninchen, ich weiß, dass es vom Vater geschlachtet worden ist.)
Ich trauere um das Kaninchen, von dem ich weiß, dass es vom Vater geschlachtet worden ist.

Steht eine Form von **quī, quae, quod** oder eines anderen Relativpronomens am **Beginn eines Hauptsatzes**, handelt es sich um einen **relativen Satzanschluss**. Dies trifft zu, wenn durch das Relativpronomen ein Wort des unmittelbar vorausgegangenen Satzes wieder aufgegriffen wird. In einem solchen Fall wird es wie ein **Demonstrativ-** oder **Personalpronomen** übersetzt.

Cunīculus caesus est. Quī summā pulchritūdine erat.
Das Kaninchen wurde geschlachtet. Dieses/Es war von besonderer Schönheit.

Satzarten

Indirekte Rede

Wenn ein Sprecher Aussagen wiedergibt, die nicht er, sondern jemand anderes gemacht hat, formuliert er diese in der indirekten Rede (**ōrātiō oblīqua**). Im Deutschen wird die indirekte Rede mit dem Konjunktiv wiedergegeben oder mit einem dass-Satz, in dem nicht zwangsläufig der Konjunktiv stehen muss. Im Lateinischen gibt es verschiedene Möglichkeiten, die indirekte Rede wiederzugeben. In diesem Kapitel werden sie vorgestellt.

Aussagesätze in der indirekten Rede hängen von **verba dīcendī** ab und stehen im **AcI**.

Hic narrāvit patrem cunīculum cecīdisse.
Dieser erzählte, dass der Vater das Kaninchen geschlachtet hat.
oder *Dieser erzählte, der Vater habe das Kaninchen geschlachtet.*

In der indirekten Rede werden häufig mehrere **AcI aneinander gereiht**, ohne dass eine finite Verbform vorhanden ist. Diese wird nur am Beginn der indirekten Rede genannt.

Pater narrāvit sē cunīculum cecīdisse; puerum flēvisse, mātrem librum lēgisse; sē ipsum cunīculum ēdisse.
Der Vater erzählte, er habe das Kaninchen geschlachtet; der Sohn habe geweint, die Mutter habe ein Buch gelesen; er selbst habe das Kaninchen gegessen.

Aufforderungssätze stehen in der indirekten Rede im Konjunktiv. Sie werden mit **nē** verneint.

Līberī ā patre postulāvērunt: Nē cunīculum cecīderit, nē eum ēderit, cum trīstēs essent.
Die Kinder forderten vom Vater: Er solle das Kaninchen nicht schlachten, er solle es nicht verspeisen, weil sie sonst traurig wären.

Ebenso werden alle **Gliedsätze** der indirekten Rede – wie der mit **cum** eingeleitete Gliedsatz im obigen Beispiel - mit dem **Konjunktiv** gebildet.

▶ Zu den Fragen in der indirekten Rede erfährst du mehr im Kapitel zu den **indirekten Fragesätzen**.

Glossar

Ablativ
Der Ablativ ist im Lateinischen der so genannte 6. Fall und findet im Deutschen keine Entsprechung. Er kann in verschiedenen Funktionen vorkommen und muss dann unterschiedlich übersetzt werden. Der Ablativ der Trennung (**ablativus separativus**) ist der eigentliche Ablativ. Er bezeichnet den Ausgangspunkt einer Bewegung, steht bei Verben des Wegnehmens und Entbehrens. Auch der Ablativ des Vergleichs (**ablativus comparationis**) ist eine Unterart des **Separativs**.
Als Bezeichnung des Ausgangspunktes einer Bewegung steht er bei den Eigennamen von Städten, Dörfern und kleineren Inseln. Er beantwortet die Frage *woher?* Der Ablativ beantwortet als Instrumentalis auch die Fragen *womit? wodurch?*

Ablativus absolutus/Abl.abs.
Typische lateinische **Partizipialkonstruktion**, bei der das Bezugswort und (zumeist) ein Partizip im Ablativ stehen.

absoluter Tempusgebrauch
Der Tempusgebrauch im Gliedsatz ist vom Verb des übergeordneten Satzes unabhängig.

AcI/Accusativus cum Infinitivo
(*Akkusativ mit Infinitiv*)
Der AcI antwortet auf die Frage *Wen oder was?* Der AcI hängt im Satz von einem übergeordneten Verb („Kopfverb"; z.B. ein Verb des Sprechens, des Fühlens, der Meinungsäußerung etc.) ab und wird in der Regel mit einem dass Satz übersetzt.

Adjektiv
Adjektive sind Eigenschaftswörter, die die Beschaffenheit einer Sache, einer Person oder eines Zustandes beschreiben. Sie können als nähere Bestimmung zu einem Substantiv hinzutreten.

Adverb
Adverbien ergänzen die Bedeutung eines Verbs (*ad verbum* beim Verb). Seltener dient ein Adverb auch zur genaueren Bestimmung eines Adjektivs, eines **Partizips** oder eines anderen Adverbs. Adverbien zählen zu den **Partikeln** und sind weder deklinierbar noch konjugierbar.

Adverbiale, Adverbiale Bestimmung
(Umstandsbestimmung)
Eine grammatisch nicht notwendige Möglichkeit der **Satzergänzung**, die erweiternde Fragen (Wie? Wo? Wann? Warum? Womit? Zu welchem Ziel?) beantwortet.

Akkusativ
Der Akkusativ kann eine Person oder Sache, auf die eine Tätigkeit gerichtet ist (wen? was?), eine Ausdehnung in Raum und Zeit (auf die Frage wie breit? wie weit? wie lang? wie alt? wie hoch? wie tief?) oder das Ziel einer Bewegung (wohin?) bezeichnen. Es gibt Verben, die aufgrund ihrer Bedeutung nach einem Akkusativobjekt verlangen. Der Akkusativ erfüllt im Satz die syntaktische Funktion eines Objekts, kann aber auch als Prädikatsnomen oder adverbiale Bestimmung in Erscheinung treten.

Glossar

Aktionsart
Unterscheidung Aktiv oder Passiv

Apposition
(*apponere* hinzufügen)
Es handelt sich um eine nicht obligatorische (inhaltliche) Ergänzung, meist zu einem Substantiv. Eine Apposition steht zwischen Kommata.

Asyndeton
Stilmittel der unverbundenen Reihung.

Attribut
(*attribuere* zuteilen)
Satzglied, das nicht vom Prädikat abhängt, sondern vom Nomen und dies näher bestimmt. Adjektive, Pronomen, Zahlwörter und Nominalformen des Verbums können als Attribute erscheinen. Sie antworten auf die Frage Was für einer? Welcher? und stehen mit ihrem Bezugswort in KNG-Kongruenz.

casus obliqui
Alle Fälle außer Nominativ oder Vokativ Fälle können nicht ohne ein Satzglied im Nominativ auftreten. Sie müssen sich an ein anderes Satzglied anlehnen und werden daher entsprechend "abhängige Fälle" genannt.

casus recti
Nominativ und Vokativ sind "unabhängige Fälle" (casus recti). Die übrigen Fälle können ohne ein Satzglied im Nominativ nicht auftreten.

Dativ
Der Dativ bezeichnet eine Person oder Sache, der eine Handlung gilt (wem?), oder die Person, zu deren Gunsten eine Handlung geschieht (für wen? wofür?) oder den Zweck einer Handlung (wozu?).
Er erfüllt im Satz die Funktion eines Objekts, kann aber wie der Akkusativ auch Adverbiale oder Prädikatsnomen sein.

"Defektive" Verben
(verba defectiva)
Diese Verben werden als „defektiv" (*deficere* fehlen) bezeichnet, weil sie nicht alle Formen bilden können.

Deklination
(*declinare* beugen)
Alle Nomen, Adjektive und Partizipien können dekliniert werden, die Deklinationsendung spiegelt Kasus und Numerus (oft auch Genus) wider. Bei Adjektiven und Partizipien wird auch das Genus berücksichtigt.

Demonstrativpronomen
hinweisende Fürwörter

Deponentien
(*deponere* ablegen)
sind Verben, die nur passive Formen bilden und trotzdem im Deutschen immer aktive Bedeutung haben. Sie kommen in allen Konjugationen vor und werden wie das Passiv anderer Verben ihrer Gruppe konjugiert. Im Wörterbuch erkennt man sie daran, dass sie immer in der 1.Pers. Sg. Präs. Pass. Ind. genant werden.

Glossar

Flexion
(*flectere* beugen)
Die grammatische Funktion eines Wortes innerhalb des Satzgefüges wird unter anderem durch seine Beugung, die sogenannte Flexion deutlich gemacht.

Genitiv
Dieser **Kasus** bezeichnet die Zugehörigkeit einer Person oder Sache zu einer anderen (Wessen?); als genitivus qualitatis beschreibt er ein Nomen näher (Was für ein? Was für eine?). Er erfüllt meistens die syntaktische Funktion eines **Attributs** zu einem Nomen, manchmal die eines **Prädikatsnomens**. Er kann auch die Bedeutung von Verben eingrenzen und übernimmt dann die Funktion eines **Objekts** oder **Adverbiales**.

Genus verbi
Gibt an, ob sich eine Handlung im Aktiv vollzieht oder im Passiv vollzogen wird.

Genus
grammatisches Geschlecht: Maskulin (m.), Femininum (f.) , Neutrum (n.).

Gerundium
substantivierter Infinitiv (z.B. loben, das Loben; handeln, die Handlung); als solcher kann es im Singular dekliniert werden.

Gerundivum
Im Deutschen gibt es keine vergleichbare Verbform. Man definiert es als **Verbaladjektiv**. Im Deutschen wird es oft mit einem **Adjektiv** übersetzt: Ein zu liebendes Kaninchen = ein liebenswertes Kaninchen.

Hortativ
(*hortari* auffordern)
Mit dem Hortativ werden Aufforderungen an die 1. Person Plural im Konjunktiv Präsens formuliert. (Lasst uns nach Hause gehen!)

Hyperbaton
Stilmittel der Sperrung/ Gesperrtstellung bei dem zusammengehörige Wörter bewusst voneinander getrennt werden, um einzelne Aspekte besonders hervorzuheben.

Hypotaxe
(Satzgefüge)
Konstruktion, die nicht nur aus gleichberechtigten Hauptsätzen, sondern auch aus abhängigen, untergeordneten Gliedsätzen besteht. Sie werden als abhängig bezeichnet, weil sie nicht alleine, sondern nur in einem Satzgefüge auftreten können, das aus mindestens einem Hauptsatz und beliebig vielen Gliedsätzen besteht.

Imperativ (I, II)
(*imperare* befehlen)
Man unterscheidet zwei Arten des Imperativs. Der häufiger gebrauchte **Imperativ I** wird für Aufforderungen und Befehle oder Ratschläge benutzt. Er spricht die 2. Person Singular oder Plural direkt an, steht jedoch ohne Personalpronomen (*veni!* Komm (mit)! oder *venite!* Kommt (mit)!)
Ein Wunsch oder Befehl, der in der nahen oder fernen Zukunft verwirklicht werden soll, wird durch den **Imperativ II** ausgedrückt. Er kommt seltener vor als der Imperativ I und wird meistens eingesetzt, wenn es um allgemeine Vorschriften, Gesetze oder Lebensregeln geht. Er richtet sich an die 2. oder 3. Person Singular oder Plural.

Glossar

Indefinitpronomen
unbestimmte Fürwörter

Indikativ
(Wirklichkeitsform)
Der Indikativ ist einer der drei Modi des Verbs (neben Konjunktiv und Imperativ) Fasst ein Sprecher das, was er sagt, als wirklich auf, steht die Verbform im Indikativ.

Instrumentalis
Kasus der indogermanischen Grundsprache, der zum Ablativ verschmolz. Er antwortet auf die Frage Womit? Wodurch?

Interjektion
Ausruf

Interrogativpronomen
fragende Fürwörter

intransitive Verben
Diese Verben können im Gegensatz zu den transitiven kein Akkusativobjekt zu sich nehmen und bilden ein unpersönliches Passiv.

Irrealis der Gegenwart
formuliert eine Angabe, die nicht in Wirklichkeit eintreten wird.

Irrealis der Vergangenheit
formuliert eine verpasste Handlungsmöglichkeit in der Vergangenheit.

Iussiv
(*iubere* befehlen, beauftragen)
Mit dem Iussiv werden Aufforderungen an die 2. und 3. Person Singular und Plural im Konjunktiv Präsens ausgedrückt. (*Er soll den Vater rufen!*)

Kasus
(Fall)
Der Kasus gibt an, welche Rolle ein Wort innerhalb des Satzgefüges hat. Er bestimmt seine syntaktische Funktion.

Komparation
Steigerung von Adjektiven und Adverbien, um Vergleiche zwischen zwei oder mehreren Lebewesen oder Gegenständen herzustellen.

Komparativ
Höherstufe oder erste Stufe der Steigerung eines Adjektivs oder Adverbs.

Komparativsatz
Solche Sätze enthalten einen Vergleich.

Kongruenz
Übereinstimmung in Kasus, Numerus und Genus. Vereinfacht wird häufig von „KNG- Kongruenz", „KN- Kongruenz" oder „NG- Kongruenz" gesprochen.

Konjugation
Jedes Verb kann entsprechend dem Ausgang des Präsensstammes einer von fünf Konjugationsklassen zugeordnet werden. Den Präsensstamm erhält man durch das Wegstreichen der Infinitivendung -(e)re.

Glossar

Konjugationsklassen
a-Konjugation (1. Konjugation) - lauda-re
e-Konjugation (2. Konjugation) - mone-re
i-Konjugation (4. Konjugation) - audi-re
Konsonantische Konjugation (3. Konjugation) - ag-ere
Gemischte Konjugation (auch: kons. Konj. mit i-Erweiterung) cap-ere

Konjunktion
Bindewörter

Konjunktiv
(Möglichkeitsform)
Der Konjunktiv ist einer der drei **Modi** des Verbs (neben **Indikativ** und **Imperativ**) Hält ein Sprecher seine Aussage für möglich, nicht wirklich oder formuliert er einen Wunsch, steht die Verbform im Konjunktiv.

Kopfverb
Übergeordnetes Verb von dem der AcI abhängt.

Korrelativpronomen
Fürwörter der Wechselbeziehung, z.B. talis – qualis u.a.

Lokativ
Kasus der indogermanischen Sprache, der tweilweise mit dem Ablativ verschmolz. Er antwortet auf die Frage Wo?

Modus
(*modus, -i* m. Art und Weise)
Beschreibt das Verhältnis der Aussage zur Wirklichkeit:
Indikativ (Modus der Wirklichkeit),
Konjunktiv (Modus der Vorstellung)

Imperativ (Befehlsform).
NcI/Nominativus cum Infinitivo
(Nominativ mit Infinitiv)
Bei manchen **transitiven Verben** tritt bei der Umformung ins Passiv an die Stelle des **AcI** eine Infinitivkonstruktion mit einem **Nominativ.** Der Nominativ ist dabei zugleich Subjekt des übergeordneten Satzes. Wie der AcI kann der NcI am besten mit einem dass-Satz übersetzt werden.

Nomina
(*nomen, -inis* n. Namen, Benennung)
Zu den Nomina, die alle dekliniert werden gehören: Hauptwörter (**Substantive**), Eigenschaftswörter (**Adjektive**), Fürwörter (**Pronomina**) und Zahlwörter (**Numerale**).

Nominalform des Verbums
Durch Substantivierung von Verben entstehen die sogenannten Nominalformen der Verben. Dazu gehören **Verbalsubstantive** und **Verbaladjektive,** die Eigenschaften eines Nomens und eines Verbs haben. Sie werden aus Verben gebildet, wie Nomen dekliniert und als nominale Satzglieder behandelt.

Nominativ
Kasus, beantwortet die Frage *Wer oder was?* Der Nominativ wird als **casus rectus** von Genitiv, Dativ, Akkusativ und Ablativ unterschieden, weil er als einziger Kasus allein (ohne einen anderen Kasus) in einem Satz vorkommen kann.

Glossar

Numeralia
(Zahlwörter)
Grund- oder Kardinalzahlen
(cardinalia) *eins, zwei, drei, …*
Ordnungs- oder Ordinalzahlen
(ordinalia) *der erste. zweite, dritte, …*
Distributivzahlen (Distributiva)
je einer, je zwei, je drei, …
Zahladverbien (Multiplicativa)
einmal, zweimal, dreimal, …

Numerus
(*numerus, -i* m. Zahl)
Man unterscheidet zwei Numeri **Singular** (Einzahl) und **Plural** (Mehrzahl). Manche Substantive kommen ihrer Bedeutung wegen nur im Singular (singularia tantum) andere nur im Plural (pluralia tantum) vor.

Objekt
(Satzergänzung)
Eine Ergänzung im Satz, die sich auf das Prädikat bezieht.

Optativ
(*optare* wünschen)
Ein Modus des Verbs, der Wünsche oder Möglichkeiten bezeichnet.

Parataxe
(Satzreihe)
Konstruktion, in der gleichberechtigte Sätze aneinandergereiht sind. Eine Parataxe besteht aus zwei oder mehr Hauptsätzen.

Participium coniunctum/P.c.
(*coniunctum* verbunden)
Alle Partizipien können als Participium coniunctum verwendet werden.
Die Besonderheit des P.c. ist, dass das Bezugswort allein (ohne das Partizip) eine syntaktische Funktion im Satz erfüllt, d.h. es kann Subjekt, Objekt etc. sein. Wenn man das Partizip streichen würde, wäre der Satz trotzdem grammatisch vollständig. Das Partizip erklärt als Attribut das integrierte Nomen oder als Adverbiale das Satzgeschehen näher, ist also unmittelbar mit dem Satz verbunden (*coniunctum*).

Partikel
(*particula, -ae* f. Teilchen)
unflektierbare Wörter: Umstandswörter (Adverbien), Verhältniswörter (Präpositionen), Bindewörter (Konjunktionen und Subjunktionen), Ausrufe (Interjektionen), Modalpartikel (Füllwörter wie „doch" oder „freilich") und Negationspartikel (wie „nicht(s)").

Partizip
Bei den Partizipien handelt es sich (wie bei Gerundium und Gerundivum) um Nominalformen des Verbs. Sie werden dekliniert, bilden Formen in allen Genera und stehen als Verbaladjektive in KNG-Kongruenz zu ihrem Bezugswort.

Glossar

Partizipialstamm/Supinstamm
3. Stammform, mit ihr werden Perfekt, Plusquamperfekt und Futur II im Passiv gebildet, sowie das Partizip Perfekt Passiv (PPP), Partizip Futur Aktiv (PFA), Infinitiv Perfekt Passiv und Infinitiv Futur Aktiv und Passiv-Supinum I und II (davon der Name Supinstamm)

Perfektstamm
2. Stammform mit ihr werden alle Formen des Perfekt, incl. Infinitiv Perfekt Aktiv, alle Formen des Plusquamperfekt und alle Formen des Futur II im Aktiv gebildet.

Personalpronomen
persönliche Fürwörter

pluralia tantum
Substantive, die ihrer Bedeutung wegen nur im Plural vorkommen.

Positiv
Grundstufe eines Adjektivs oder Adverbs (ohne Steigerung).

Possessivpronomen
besitzanzeigende Fürwörter

Potentialis der Gegenwart
(*potestas* Möglichkeit):
drückt eine Annahme/Vermutung aus.

Potentialis der Vergangenheit
drückt eine Möglichkeit in der Vergangenheit aus.

Prädikat
(Satzaussage)
Das Prädikat ist die zentrale Einheit eines Satzes. Es besteht aus mindestens einer finiten Verbform. Es gibt an, welche Handlung in einer bestimmten Zeit vollzogen wird.

Prädikativsatz/Prädikativum
Solche Sätze enthalten eine nähere Bestimmung zum Prädikatsvorgang.

Prädikativum
Das Prädikativum vereinigt die syntaktische Funktion von Adverb und Attribut. Substantive, Adjektive und Partizipien können als Prädikativum in Erscheinung treten. Mit einem Prädikativum beschreibt man die Verbalhandlung näher und gleichzeitig auch das Beziehungswort, zu dem es in KNG-Kongruenz steht.
Cuniculus salvus viam transiit.
Das Kaninchen überquerte unversehrt die Straße. Hier geht es nur um den Moment, in dem das Kaninchen die Straße überquert. Wie es ihm vorher oder nachher geht, bleibt außer Acht.

Prädikatsnomen
Das Prädikatsnomen ist Teil des Prädikats, es kann ein **Substantiv** im **Nominativ**, ein **Pronomen,** ein **Adjektiv** ein **Adverb** oder ein **Infinitiv** sein. Dabei tritt es mit einer Form von *esse* oder einer Wendung wie den folgenden auf:
*zu etwas machen/ernennen/wählen
zum Nutzen/Nachteil sein,
zu Ehre gereichen
am Herzen liegen* etc.

Glossar

Präfix
Vorsilbe

Präposition
(*praepositus* vorangestellt)
Die Verhältniswörter gehören zu den **Partikeln** und sind nicht flektierbar.

Präsensstamm
1. Stammform, mit ihr werden alle Formen des Präsens incl. Infinitiv, alle Formen des Imperfekt und alle Formen des Futur I im Aktiv und Passiv gebildet, sowie Partizip Präsens Aktiv (PPA), nd-Formen (Gerundium und Gerundivum) und der Imperativ.

Pronomen
Fürwort

Pronominaladjektive
Bestimmte Adjektive werden Pronominaladjektive genannt, weil sie durch ihre Kasusendungen im Genitiv Singular (-ius) und Dativ Singular (-i) und durch ihre Bedeutung zeigen, dass sie den Pronomen
nahe stehen.
z.B. unus, -a, -um, solus, -a, -um, totus, -a, -um etc.

Reflexivpronomen
rückbezügliche Fürwörter

Relativpronomen
bezügliche Fürwörter

Relativsatz/Attribut
Solche Sätze enthalten eine nähere Bestimmung zu einem Nomen, einer Sache oder einem Sachverhalt.

Satzaussage
(Prädikat)
Das Prädikat ist die zentrale Einheit eines Satz. Es besteht aus mindestens einem finiten Verbform. Es gibt an, welche Handlung in einer bestimmten Zeit vollzogen wird.

Satzgefüge
(Hypotaxe)
Konstruktion, die nicht nur aus gleichberechtigten Hauptsätzen, sondern auch aus abhängigen, untergeordneten Gliedsätzen besteht. Sie werden als abhängig bezeichnet, weil sie nicht alleine, sondern nur in einem
Satzgefüge auftreten können, das aus mindestens einem Hauptsatz und beliebig vielen Gliedsätzen besteht.

Satzreihe
(Parataxe)
Konstruktion, in der gleichberechtigte Sätze aneinandergereiht sind. Eine Satzreihe besteht aus zwei oder mehr Hauptsätzen.

Glossar

Satzwertige Konstruktionen
Wenn zusätzlich zur **Nominalform** des Verbs eine handelnde Person oder Sache genannt wird, auf die sich die Verbalinformation bezieht, spricht man von "satzwertigen Konstruktionen". Diese Konstruktionen können die Funktion von Gliedsätzen übernehmen und werden häufig als solche übersetzt. Ihre Besonderheit ist, dass sie im Lateinischen nur aus wenigen Worten bestehen und der lateinische Sprecher durch sie mit wenigen Worten viel sagen kann.

Semantik
Bedeutungslehre

Semideponentien
Verben, die nur einen Teil der Formen (entweder im Präsens- oder Perfektstamm) wie Deponentien bilden.

Separativ
(*separare* trennen)
Der Ablativ der Trennung, der wegen seines lateinischen Namens oft als Separativ bezeichnet wird, ist der eigentliche Ablativ.

singularia tantum
Substantive, die ihrer Bedeutung wegen nur im Singular vorkommen.

Stammform
Verbformen zur Zeitenbildung. Sie nennen die aktive Präsens- und Perfektform jeweils in der 1.Pers. Sg. Ind. und – falls vorhanden – das Partizip Perfekt Passiv eines Verbs. (Bsp: facere - facio - feci - factum)

Subjekt
Grundbestandteil eines jeden Satzes, es liegt der Satzaussage (Prädikat) zugrunde. Es steht in der Regel im Nominativ.

Suffix
Nachsilbe

Superlativ
Höchststufe der Steigerung eines Adjektivs oder Adverbs.

syntaktische Funktion
Gibt an, welche grammatische Funktion das jeweilige Wort innerhalb des Satzes einnimmt.

Syntax
Satzlehre

Temporalsatz
(*tempus* Zeit) Temporalsätze enthalten eine Zeitangabe.

Tempus
(*tempus, -oris* n. Zeit)
Beschreibt wann eine Handlung vollzogen wird. Das Lateinische kennt sechs Tempora: Präsens, Imperfekt, Futur I und II, Perfekt und Plusquamperfekt.

transitive Verben
Verben, die wegen ihrer **Valenz** ein Akkusativobjekt verlangen, nennt man transitive Verben. Sie bilden ein persönliches Passiv.

Glossar

Valenz
(Wertigkeit)
Beschreibt die Anzahl von Satzgliedern, die ein Verb erfordert. Die meisten Verben erfordern ein Subjekt und ein Objekt.

Verb
(Tätigkeitswort/Zeitwort)
Verben stellen neben den Nomen die zweite große Gruppe der flektierbaren Wortarten dar. Sie werden konjugiert (*coniugare* verbinden). Es gibt auch bei der Konjugation verschiedene Klassen.

Verba defectiva
("defektive" Verben)
Diese Verben werden als „defektiv" (*deficere* fehlen) bezeichnet, weil sie nicht alle Formen bilden können.

Verbaladjektiv / Verbalsubstantive
Durch die Substantivierung der Verben entstehen Verbalsubstantive und Verbaladjektive, die Eigenschaften eines Nomens und eines Verbs haben. Sie werden aus Verben gebildet, wie Nomen dekliniert und als nominale Satzglieder behandelt.

Vokativ
Anredeform (*vocare* rufen, nennen)
Dieser Kasus wird in den Deklinationstabellen nicht aufgeführt, da er seine grammatischen Formen gleich dem Nominativ bildet. Nur bei den Wörtern der o-Deklination auf -us und -ius bildet er eigene Formen.

Register

A

Ablativ 13, **125**, 58, 59, 109, 125
   Ablativ der Art und Weise (modi) 129
   Ablativ der Beschaffenheit (qualitatis) 131
   Ablativ der Beziehung (limitationis) 132
   Ablativ der Trennung (separativus) 126
   Ablativ der Wert-/Preisangabe (pretii) 131
   Ablativ der Zeitangabe (temporis) 134
   Ablativ des Grundes (causae) 130
   Ablativ des Maßes (mensurae) 132
   Ablativ des Mittels (instrumentalis) 128
   Ablativ des Ortes (loci) 132
   Ablativ des Ursprungs (originis) 126
   Ablativ des Vergleichs (comparationis) 128
   Ablativattribut 109
Ablativus absolutus 107, 135, 141, **143**, 144, 146
Abl.abs. 107, 135, 141, **143**, 144, 146
AcI 107, 108, 135, 139, 140, 145, **146**
Adjektiv 8, 11, 14, **25**
   Adjektiv als Prädikativum 27
   Adjektiv als Prädikatsnomen 26
   Adjektive der 3. Deklination 29
   Adjektive der a-/o-Deklination 27
   Adjektive der konson. Dekli. (i-Stämme) 30
   Adjektive der konson. Deklination 29
   Komparation der Adjektive 36
   prädikatives Adjektiv 138
Adverb 8, **33**, 150
   Adverbien aus Adjektiven 33
   Adverbien der Art und Weise 33
   Adverbien der Zeit 33
   Adverbien des Grundes 33
   Adverbien des Ortes 33
   Bildung von Adverbien 33
   Komparation der Adverbien **36**, 38
Adverbiale 109, 111, 119, 120, 123, 125, 157, 159, 160, 162, 163, 164, 165, 167
Adverbiale Bestimmung 111, 115, 143

Register

Akkusativ 8, 12, 35, **111**, 107, 137
    Akkusativ als Prädikatsnomen 116
    Akkusativ der Ausdehnung 115
    Akkusativ der Richtung 115
    doppelter Akkusativ 114
    Präpositionen mit Akkusativ 56
    Präpositionen mit Akkusativ oder Ablativ 59
    Akkusativobjekt 8, 108, 112
    Akkusativobjekt als Bezeichnung einer Person oder Sache 112
Aktionsart 107
Aktiv 67, 68, 69, 88, 92, 107, 141
    Aktivzeiten des Perfektstammes 72
    Das Futur I im Aktiv 69
    Das Imperfekt im Aktiv 68
    Die Präsensformen im Aktiv 67
aliquis, aliquid 50
allgemeine Vorschriften 69
antequam, priusquam 100
Apposition 109
Artikel 8
Asyndeton 155
Attribut 11, 25, 27, 47, 65, 107, **109**, 111, 120, 123, 129, 131, 138, 141
    Ablativattribut 109
    Genitivattribut 8
    Attributive Verwendung 27
Aufforderung 69, 105, 150, **154**
Ausruf 8, 150
Aussagesatz 147, 150, **151**, 152, 169

B

Befehl, verneinte Befehle 65, 69, 103, 154
Begleit- oder Beziehungswörter 10
Beiordnung 142
Besitzverhältnis 124
Bindevokal 9
Bindewort 155

Register

D

Dativ 12, 107, 111, **116**, 143
    Dativ als Objekt bei Verben 116
    Dativ der Zugehörigkeit (possessoris) 119
    Dativ des Urhebers (auctoris) 118
    Dativ des Vorteils/Nachteils (commodi/incommodi) 118
    Dativ des Zwecks (finalis) 119, 137
    Dativ des Gerundiums 137
defektive Verben 89
Deklination 9, 11, **14**
Deklinationsgruppen 14
    a-Deklination (1.Deklination) **15**, 27, 41
    o-Deklination (2.Deklination) **17**, 27, 41
    o-Deklination: Substantive mit -us 17
    o-Deklination: Substantive mit -er 18
    o-Deklination: Substantive mit -um 18
    3. Deklination **19**, 29
    3. Deklination: konsonantische Stämme 19
    3. Deklination: konsonantische Deklination 19, 29
    3. Deklination: i-Stämme 19
    3. Deklination: Mischklasse 19, 22
    3. Deklination: i-Deklination 21
    u-Deklination (4.Deklination) 23
    e-Deklination (5.Deklination) 24
Deponens 84, 88
Deponentien/Semideponentien 88
Entscheidungsfrage 153
esse, sui, fui 76
ferre, fero, tuli, latum 81
fieri 84
finit 66
finite Verform, infinite Verbform 78, 108
flektierbar 8, 9, 55, 56, 64, 91
Flexion 8
Fragesatz 51, 102, 106, 150, **152**, 160
Fragewort 50, 150, 153

Register

F
Futur 16, 65, 66, 67, 76, 77, 78, 79, 80, 81,
82, 83, 84, 96, 99, 100, 102
- Futur I im Aktiv 69
- Futur II 66, 72, 74, 79, 83, 100

G
Genitiv 8, 12, 14, 45, 107, 111, **120**, 136, 141
- Genitiv als Bestimmung des Nomens 120
- Genitiv als Ergänzung des Verbs 125
- Genitiv der Zugehörigkeit (genitivus possessivus) 124
- Genitivattribut 8, 109, 120
- Genitivformen 43
- Genitivus der Beschaffenheit (qualitatis) 123
- Genitivus des geteilten Ganzen (partitivus) 122
- Genitivus des Wertes (pretii) 123
- Genitivus obiectivus (Objektgenitiv) 42
- Genitivus partitivus (Teilungsgenitiv) 42
- Genitivus subiectivus/objectivus 120

Genus 9, 30
- natürliches Geschlecht 10, 15, 16
- grammatisches Geschlecht 10, 11, 15, 17, 24, 65

Genus verbi 65, 66

Gerundium 29, 66, 67, 82, 88, **135**, 137, 138, 140, 146
- Gerundium als Verbaladjektiv 138
- Verwendung des Gerundiums 136

Gerundivkonstruktion 118

Gerundivum 29, 66, 67, 84, 108, 118, 135, **138**, 140, 146
- Gerundivum als Verbaladjektiv 138

Gesetze 69

Gliedsatz 47, 48, 98, 100, 101, 102, 104, 106, 107, 108, 135,
141, 142, 143, 147, 150, 155, 156, 157, 159, 163, 168, 169
- subjunktionaler Gliedsatz 142
- konjunktivischer Gliedsatz 102
- Gliedsatz ersten Grades, zweiten Grades ... 156
- abhängiger Gliedsatz 156
- untergeordneter Gliedsatz 156

Register

H

Hauptsatz 47, 48, 69, 100, 101, 102, 104, 148, 150, 152, 154, 155, 156, 166, 167
   Hauptsatzprädikat 148
hic, haec, hoc 45, 46
Hilfsverb 28, 76, 108, 119, 139, 145
Hortativ 69, 105, 154
Hyperbaton 25, 142
Hypotaxe 155, 156

I

idem, eadem, idem 45, 47
ille, illa, illud 45, 46
Imperativ (I, II) 65, 67, **69**, 77, 80, 91, 103, 105, 154
Imperfekt 65, 66, 67, **68**, 73, 77, 78, 80, 96, 102, 105, 152, 161
   lineares Imperfekt 96
   konatives Imperfekt 96
   iteratives Imperfekt 96
Indikativ 65, 67, 68, 69, 71, 72, 73, 74, 75, 98, 101, **103**
indirekte Rede 169
Infinitiv 9, 66, 68, 69, 76, 108, 135, 145
   historischer Infinitiv 98
   substantivierter Infinitiv 136, 145
   Infinitiv Futur 88, 148
   Infinitiv Futur Passiv 90, 91
   Infinitiv Perfekt 72, 74, 83, 148
   Infinitiv Präsens 68, 148
Instrumentalis 13, 126, **128**, 130, 131
Interjektion 8, 150
ire 82
Irrealis der Gegenwart 105, 152
Irrealis der Vergangenheit 106, 152
is, ea, id 46
Iussiv 69, 105, 154

J

Jahreszahlen 63

Register

K
Kasus 8, 9, **11**, 14, 15, 25, 56, 107, 109, **111**
  casus recti 12, 111
  casus obliqui 12, 111
  "erstarrte" Kasus 34, 35
Komparation 32, 36
  Positiv 36
  Komparativ 36, **37**, **38**, 122, 128, 157
  Superlativ 36, **37**, **38**, 122
Komposita **86**, 88, 92, 117
Kongruenz 11, 25, 26, 45, 65, 110
  KNG-Kongurenz 11, 25, 40, 43, 76, 109, 138, 140, 141, 143
  KN-Kongruenz 49
  NG-Kongruenz 41, 47
Konjugation 64, **66**, 68, 88, 143
Konjugationsklasse 66
  a-Konjugation 66, 67, 68, 69, 70, 71, 72, 75, 92
  e-Konjugation 66, 67, 68, 69, 70, 71, 72, 92
  i-Konjugation 66, 67, 68, 69, 70, 71, 84, 91, 92, 136, 140
  konsonantische Konjugation 66, 67, 68, 69, 70, 71, 91, 94, 95
  gemischte Konjugation (auch: kons. Konj. mit i-Erweiterung) 66, 67, 68, 69, 70, 71
Konjunktion 8, 101, 106, 144, 155, 156, 159, 160, 161, 162, 165, 166, 169
  untergeordnete Konjunktion 150
Konjunktiv 65, 67, 69-84, 90, 98, 102, 103, **104**, 151, 152, 154, 158-169
  Konjunktiv I (Präsens) 105
  Konjunktiv II (Imperfekt) 105
  Konjunktiv III (Perfekt) 106
  Konjunktiv IV (Plusquamperfekt) 106
  Konjunktiv in Gliedsätzen 106, 158
  Konjunktiv Perfekt Aktiv 73
  Konjunktiv Plusquamperfekt Aktiv 74
Kopfverb 147

L
Lebensregeln 69
Lokativ 13, 16, 126, 127, 132-134

M
Mengenangabe 122
Modus 65, 66, 103, 107, 151, 152, 154, 158, 159, 161, 162, 163, 164, 165, 166

Register

N

NcI 107, 108, 135, 146, **149**
Nebensatz 47, 100, 101, 102, 106, 109, 140, 144, 150
    finaler Nebensatz 140
    kommentierender Nebensatz 101
nemo 51
nihil 51
Nomen 8, **9**, 11, 14, 40
Nominalform des Verbums 76, 107, 109, **135**
Nominativ 12, 14, 15, 17, 18, 19, 20, 22, 23, 24, 27, 30, 35, 37, 67, 108, 111, 128, 136, 139, 141, 146, 149,
nullus 51
Numeralia 60
    Grundzahlen (Cardinalia) 60, 62
    Ordnungszahlen (Ordinalia) 60, 63
    Distributivzahlen (Distributiva) 60, 63
    Zahladverbien (Multiplicativa) 60, 64
    Deklination der Zahlen 62
    -plex 63
    -plicis 63
Numerus 9, 11, **13**, 14, 25, 40, 47, 65, 75, 110, 139

O

Objekt 8, 108, 111, 115, **116**, 120, 121, 125, 126, 129, 136, 137,141, 142, 145, 147, 148, 157, 158, 166
Optativ 105, 154

P

P.c. 107, 106, 135, 141, 143, 146
Parataxe 155
Participium coniunctum 107, 106, 135, 141, 143, 146
Partikel 8, 33, 56, 153

Partizip 11, 14, 29, 33, 66, 75, 76, 108, 121, 130, 135, 138, **140**, 141, 144, 146, 168
    Partizip als Verbaladjektiv 138
    Partizip der Gleichzeitigkeit 142, 143
    Partizip der Nachzeitigkeit 142
    Partizip der Vorzeitigkeit 142, 143

Register

Partizip Futur 142
Partizip Futur Aktiv (PFA) 16, 18, 29, 66, 75, 76, 141, 142
Partizip Perfekt 142, 143
Partizip Präsens Aktiv (PPA) 22, 67, 141, 142, 143, 144
Partizip Perfekt Passiv (PPP) 16, 18, 29, 66, 72, 75, 92, 141, 144
Partizip Präsens 80, 81, 142
Partizipialstamm (Supinstamm) 65, 66, 81
Passiv 65, 67, **71**, **75**, 88, 107, 118, 138, 149
   Passivzeiten des Perfektstammes 75
   Passivzeiten des Präsensstammes 71
   persönliches Passiv 112
   unpersönliches Passiv 112
Perfekt 65, 69, **72**, 73, 88, 89, 91, 96, 97, 100, 154, 159, 160
   Dehnungsperfekt 72, 92, 93, 94, 95
   historisches Perfekt 97, 98
   Passivzeiten des Perfektstammes 75
   Perfekt Aktiv 73
   Perfekt ohne Stammveränderung 72, 94
   Perfekt Passiv 66, 75
   Perfektbedeutung 90
   Perfektstamm 65, 66, 72, 73
   Perfektstamm 73, 76
   präsentisches Perfekt (resultatives Perfekt) 97
   Reduplikationsperfekt 72, 92, 93, 94
   s-Perfekt 72, 93, 94
   u-Perfekt 72, 93, 94, 95
   v-Perfekt 72, 92, 93, 94, 95
Personalpronomen 40, **41**, 45, 69, 147
pluralia tantum 13
Plusquamperfekt 65, 66, 72, 74, 76, 79, 83, 100, 102, 152, 161
posse, possum, potui 78
Possessivpronomen 40, 41, **43**, 44, 45, 121
Potentialis der Gegenwart 105, 106, 152
Potentialis der Vergangenheit 105, 152
Prädikat 26, 43, 64, 75, 76, 98, 100, 101, 102, 107, 108, 109, 139, 142, 143, 147, 150, 159
   einfaches Prädikat 108
   Endstellung des Prädikats 150
   Hauptsatzprädikat 148

Register

Prädikative Verwendung 27
Prädikativsatz 157
Prädikativum 26, **27**, **110**, 157
Prädikatsinfinitv 147, 148
Prädikatsnomen **26**, 75, 108, 111, **116**, 119, 120, 123, 124, 131, 139, 145, 149
zusammengesetztes Prädikat 108
Präfix 56, 86
Präposition 8, 13, 35, 39, **56**, 60, 86, 111, 115, 120, 122, 126, 127, 129,133, 136, 139, 141, 143
Präposition mit Ablativ 58
Präposition mit Akkusativ 56
Präposition mit Akkusativ oder Ablativ 59
Präpositionalattribut 109
Präpositionalausdruck 118, 121, 142
präpositionales Objekt 137
Präpositionalgefüge 130
Präpositionalwendung 107, 109, 124, **134**
Präsens 22, 65, 66, 72, , 89, 96, 99, 100, 102, 105
historisches Präsens 96
Präsensform im Aktiv 67
Präsensstamm 65, 66, **67**, 69, **71**, 72, 88, 136, 138
Präteritum 68, 73, 96, 97, 99, 100,
Pronomen 11, 36, **40**, 42, 48, 54, 108, 109, 114, 122, 123, 125, 150
Demonstrativpronomen 40, 41, 42, **45**, 46, 168
Fragepronomen 49, 50, 153, 157, 159
Indefinitpronomen 40, **50**, 51
Interrogativpronomen 40, **49**
Korrelativpronomen 40, **55**
Personalpronomen 40, **41**, 42, 43, 45, 47, 69, 147
Possessivpronomen 40, 41, **43**, 44, 45, 121
Reflexivpronomen 40, 147
Relativpronomen 40, **47**, 49, 50, 157, 166, 167, 168
adjektivische Fragepronomen 49
Pronominaladjektive **52**, 53
Pronominaladverbien 54

Register

Q
qui, quae, quod 47, 48, 49, 168

R
Ratschlag 69
Realis 105, 152, 161
relativer Satzanschluss 48, 168
rhetorische Frage 153

S
Satz
    Adversativsatz 157, **164**
    Aufforderungssatz 69, 103, 169
    Finalsatz 157, **164**
    Fragesatz 51, 102, 106, 150, **152**, 160
    Kausalsatz 101, 157, **163**
    Komparativsatz 157
    Konditionalsatz 106, 157, **161**
    Konjunktionalsatz mit quin 166
    Konsekutivsatz 157, **165**
    Konzessivsatz 157, **162**
    Lokalsatz 157
    Modalsatz 157
    Objektsatz 157
    Prädikativsatz/Prädikativum 26, 27, 110, 110, 157
    Relativsatz/Attribut 45, 48, 49, 106, 107, 142, 157, 158, **166**, 167
    Subjektsatz 157
    Temporalsatz 101, 157, **159**
    übergeordneter Satz 102
Satzanschluss 48, 168
Satzarten 150
Satzaussage 64
Satzergänzung 8, 107, **109**, 111,
    Satzergänzung durch Präpositionalwendungen 134
    Satzergänzung durch Nominalformen des Verbs 135
    Satzergänzung durch satzwertige Konstruktionen 135
    Satzergänzungen durch verschiedene Kasus 111
Satzfrage 153, 158
Satzgefüge 150, 155, **156**

Register

Satzglieder 12, 107, 108, 109, 111, 135, 155
   nominale Satzglieder 135
Satzreihe 155
satzwertige Konstruktionen 107, **135**, 141, 143, 147,151, 168
Semantik 107
Separativ 125, 126, 127, 129
singularia tantum 13
Sperrung/Gesperrtstellung 25
Stammform 72, 75, 85, 88, **92**
Subjekt 26, 42, 45, 64, 75, 77, 85, 107, 108, 111, 112, 121, 125, 135, 138, 139, 141, 142, 143, 144, 147, 149, 158
   Subjektsatz 157
   Subjektsinfinitiv 145
   Subjektsakkusativ 147, 168,
   Subjektfrage 145
Subjektsakkusativ 147, 168,
Suffix 35, 48, 50, 65
   Ableitungssuffix 10
Supin(um) I 90
Supin(um) II 90
Supinstamm 65, 66
syntaktische Funktion 9, 11, 12, 27, 28, 64, 108, 111, 141, 149, 150, 157
Syntax 107

T

Tageszeit 63
Temporalsatz 101, 157, **159**
Tempus 65, 66, 98, 99, 101, 102, 107, 159
   absoluter Tempusgebrauch 98
   Erzähltempus 97
   Gleichzeitigkeit 98, **99**, 102, 142, 143, 148,
   Hauptempus 102
   Nachzeitigkeit 98, **100**, 101, 102, 142, 148
   Nebentempus 102
   relativer Tempusgebrauch 99
   Vorzeitigkeit 98, **100**, 101, 102, 142, 143, 148

Register

U
unflektierbar 8
unpersönliche Verben (verba impersonalia) **85**, 108
unpersönlicher Ausdruck 125, 129, 140, 145, 148, 165

V
Valenz 108, 112
velle, nolle, malle 80
Verba defectiva 89
Verbaladjektiv 135, 138, 140
Verbalstamm 65, 66
Verbalsubstantiv 135, 136
Verben 56, **64**, 65, 68, 71, 72, 73, 86, 88, 107, 108, 111, 112, 116, 120, 148
   besondere Verformen 90
   defektive Verben 89
   intransitive Verben 112, 117
   Konjugation der Verben 66
   Kurzform von Verben 91
   Stammformen wichtiger Verben 94
   transitive Verben 112, 114, 116, 149, 149
   unpersönliche Verben **85**, 117
   unregelmäßige Verben 78
   Verben mit doppeltem Akkusativ 114
Verbot 139, 154
Vergleichsform 36
Vokativ 12, 15, 17, 18, 27, 43

W
Wortarten 8
Wortbildung 8
Wortfrage 153, 158
Wortstamm 8, 14, 19, 67
Wortstellung 12
Wunsch 69, 103, 106, 154, 162, 164
Wunschsatz 154

Z
Zeitverhältnisse 73, **98**